AF186113

Kontaktadresse nach EU-Produktsicherheitsverordnung:
produktsicherheit@fischerverlage.de

Richtig leben. Sich durch nichts und niemand aus der Ruhe bringen lassen. Ursula Nubers «10 Gebote für gelassene Frauen» zeigen, wie es geht. Sie machen jede Frau zu einer Lebenskünstlerin, die weiß, wie sie mit Stress und Sorgen angemessen umgeht, wie sie Depression und Frust aus ihrem Leben vertreibt und was sie braucht, um ihr seelisches Gleichgewicht zu finden und zu bewahren.

Ursula Nuber, geb. 1954 in München, ist Diplompsychologin. Seit 1983 Redakteurin bei ‹Psychologie Heute›, seit 1996 stellvertretende Chefredakteurin. Autorin zahlreicher Sachbücher. Im Fischer Taschenbuch Verlag sind von ihr erschienen: ‹10 Gebote für starke Frauen› (Bd. 16114), ‹10 Gebote für erfolgreiche Frauen› (Bd. 17165), ‹10 Gebote für anspruchsvolle Frauen› (Bd. 16863), ‹Die neue Leichtigkeit des Seins› (Bd. 16647) sowie ‹Was Paare wissen müssen› (Bd. 16753). Ursula Nuber ist verheiratet und lebt in der Nähe von Heidelberg.

Unsere Adresse im Internet: www.fischerverlage.de

Ursula Nuber

Zehn Gebote für gelassene Frauen

Fischer Taschenbuch Verlag

4. Auflage

© 2022 S. Fischer Verlag GmbH,
Hedderichstr. 114, 60596 Frankfurt am Main

Lizenzausgabe mit Genehmigung des
Scherz Verlages, Bern, München, Wien
© 2000 by Scherz Verlag, Bern, München, Wien
Druck und Bindung: BoD – Books on Demand GmbH,
Norderstedt, Germany
ISBN 978-3-596-16334-2

Inhalt

Einleitung

«Ich weiß nicht, was mit mir los ist», klagte kürzlich meine Freundin Annegret am Telefon. «Bisher ging mir alles so leicht von der Hand. Aber jetzt habe ich das Gefühl, ich bekomme nichts mehr geregelt. Die Zeit zerrinnt mir zwischen den Fingern, ich weiß nicht, was ich zuerst erledigen soll. Überall lauern Aufgaben und jeder will etwas von mir. Manchmal denke ich, ich bin diesem Leben nicht mehr gewachsen. Alles nervt mich, ich bin so schnell aus der Bahn zu werfen, ich traue mir gar nichts mehr zu.»

Was man diesen Worten nicht entnehmen kann: Annegret ist eine äußerst aktive Person. Erfolgreich in ihrem Job als leitende Sachbearbeiterin, kümmert sie sich auch noch kompetent um die Buchhaltung der kleinen Firma ihres Mannes. Ihr großer Garten, die Anlage von ihr entworfen, angepflanzt und gepflegt, ist ein grüner Traum, und ihre schlanke Figur hält sie durch regelmäßiges Joggen in Form. Ihre Klage am Telefon ist angesichts dieses erfolgreichen und ausgefüllten Lebens zunächst unverständlich und kaum nachvollziehbar. Weder *wirkt* sie erschöpft, noch *ist* sie erfolglos. Und doch *fühlt* sie sich ausgelaugt, innerlich leer, trotz ihrer Leistungen hält sie sich für unfähig.

Nach der ersten Irritation erschien mir die scheinbar so paradoxe Situation meiner Freundin plötzlich gar nicht mehr so unverständlich. Ich musste mir eingestehen, dass auch mich in gewissen Abständen dieses Gefühl «Ich kann, ich will nicht mehr» packt, und auf einmal fielen mir mühelos noch mehr erfolgreiche, bewundernswerte Frauen ein, die immer mal wieder am liebsten «alles hinschmeißen» würden. Zunehmend registrieren wir Frauen eine Kluft zwischen unserem objektiven Leben und unserem subjektiven Erleben. Obwohl unsere Welt «eigentlich» in Ordnung ist, verspüren wir häufig Überdruss, sind ausgebrannt, unsere Nerven liegen blank. Wir, die wir für Außenstehende vor Energie nur so sprühen, fühlen uns phasenweise todmüde und sind zutiefst unzufrieden damit, wie unser Alltag abläuft. Und weil wir genau wissen, dass die üblichen Erklärungen auf uns nicht zutreffen – wir sind nicht in der Midlife-Crisis, und wir sind auch nicht krank –, bekämpfen wir unsere unangenehmen Gefühle mit den bisher so erfolgreichen Mitteln: noch mehr Aktivität, noch mehr Leistung, noch mehr Stress.

Doch damit verstärken wir nur die lästigen Symptome. Das Gefühl, dass das Leben an uns vorbeiläuft, dass sich trotz äußerer Erfolge irgendetwas gewaltig falsch entwickelt, wird immer stärker. Gleichzeitig wächst auch unser Schuldgefühl: Weil wir keinen akzeptablen Grund für unseren unangenehmen Gefühlszustand finden, halten wir uns für undankbar. Einfach unmöglich, wie wir uns aufführen, so denken wir, und versuchen mit aller Kraft, uns nichts anmerken zu lassen. Wenn überhaupt, dann vertrauen wir unsere negativen Gefühle nur wirklich guten Freundinnen hinter vorgehaltener Hand an. Passen diese Gefühle doch so gar nicht in eine Zeit, in der es – glaubt man den Medien – fast nur noch Powerfrauen gibt, die alles in ihrem Leben «super» regeln. So ist es zu einem Merkmal heutigen Frauenlebens geworden, dass wir unsere äußere Fassade auf Hochglanz putzen und nur enge Vertraute hinter die Kulissen schauen lassen. Es würde uns ohnehin niemand glauben, dass wir unser Leben nicht «mit links» schaffen . . .

Was ist die Ursache für das diffuse Unwohlsein vieler Frauen? Gibt es einen «objektiven» Grund? Greifen möglicherweise die gängigen Erklärungen, die von Gesellschaftskritikern immer dann aufgezählt werden, wenn es darum geht, unsere moderne Lebenssituation zu skizzieren? Sind die neuen Technologien Schuld an unserem Zustand, weil sie unser Leben immer mehr beschleunigen? Sind es die ständig steigenden beruflichen Anforderungen, die uns keine Zeit zum Atemholen lassen? Fehlt uns soziale Unterstützung, haben wir zu wenig Rückhalt in Partnerschaft und Freundschaften?

Ganz sicher spielt all das mit eine Rolle. Das moderne Leben ist temporeich und anstrengend – für Männer, für Frauen und oft genug auch schon für Kinder. Doch so zutreffend diese Gesellschaftsanalyse auch ist, die besondere Situation, in der sich viele Frauen heute befinden, lässt sich damit nicht befriedigend erklären. Es mag für uns Frauen durchaus tröstlich sein, wenn wir unsere ambivalenten

Gefühle als gesellschaftlich bedingt ansehen und bestätigt bekommen, dass auch andere Menschen vom Leben und seinen Anforderungen erschöpft und genervt sind. Zur Lösung unseres Problems trägt dieses Wissen allerdings wenig bei.

Die Erkenntnis, dass wir Frauen Gehetzte sind – gehetzt von anderen und von zahlreichen Verpflichtungen –, ist nur eine Seite der Medaille. Den anderen, mindestens ebenso wichtigen (wenn nicht sogar wichtigeren) Aspekt, wollen wir meist nicht wahrhaben: *Wir werden nicht nur gehetzt, wir hetzen uns auch selbst:*

- Allzu selbstverständlich akzeptieren wir Forderungen als gerechtfertigt und merken nicht, dass es sich in Wirklichkeit um Zumutungen handelt. Im Berufsleben arbeiten wir häufig für zwei und finden dafür ganz plausible Erklärungen: «weil es Spaß macht», «weil ich es gut kann», «weil ich als Frau besser sein muss» . . .
- Der Partner und die Familie zu Hause freuen sich über unsere Tüchtigkeit und unseren Erfolg und kommen nur selten auf die Idee, dass wir vielleicht Unterstützung und Entlastung brauchen könnten. Wie sollten sie auch: Wir strotzen in ihren Augen doch geradezu vor Tatkraft und Energie. Unsere Zweifel und unsere phasenweise Verzweiflung, unsere Schwäche und unsere Schwarzseherei machen wir mit uns selbst aus.
- Weil es uns von außen gesehen an nichts fehlt – wir haben berufliche Erfolge, sind finanziell unabhängig, wir

haben Freunde und leben meist auch in funktionierenden Beziehungen –, kehren wir unsere Unzufriedenheit und die diffuse Sehnsucht nach einem anderen Leben schnell unter den Teppich. Auf keinen Fall wollen wir in den Verdacht kommen, zu viel vom Leben zu verlangen und zu erwarten. Und keinesfalls wollen wir uns selbst, geschweige denn anderen, eingestehen: «Ich bin nicht glücklich!», «Ich fühle mich überfordert!», «Ich bin müde und erschöpft!» Eingeständnisse wie diese würden wir uns selbst als unzulässige Schwäche auslegen.

Wenn wir Frauen heute so paradoxe, widersprüchliche Gefühle verspüren, dann liegt das daran, dass wir in einer paradoxen Situation leben: Wir haben mehr Möglichkeiten und mehr Macht als alle Frauengenerationen vor uns. Doch statt stolz auf das Erreichte zu sein und uns an der Vielfalt unseres Lebens zu erfreuen, fühlen sich viele von uns überfordert. Und das ist kein Wunder: Denn in dem Maße, wie unsere Möglichkeiten sich vervielfacht haben, in dem Maße sind auch unsere Aufgaben und Anforderungen gestiegen. Niemals zuvor haben wir Frauen so vieles so gut und mit so wenig sozialer Unterstützung bewältigen müssen wie heute. Und was noch erschwerend hinzukommt: Niemand zeigt uns, wie wir unseren Verpflichtungen nachkommen können, ohne uns selbst zu verraten. Es ginge uns mit diesem schnellen, fordernden, anstrengenden Leben sehr viel besser, wenn es uns gelänge, bei alledem wir selbst bleiben zu können. Doch eifrig und ehrgeizig und pflichtbewusst, wie die meisten von uns nun einmal sind, haben wir uns selbst aus den Augen verloren, wollen uns nicht eingestehen, dass wir von diesem Leben eigentlich etwas anderes, Besseres, Befriedigenderes erwarten. Tief in uns sitzt dieses nagende Gefühl: «Das kann doch nicht alles gewesen sein?», «Das ist es nicht, was ich wollte!»

Wirklich befassen wollen wir uns damit aber nicht – zu groß sind unsere Ängste, als selbstsüchtig, undankbar, verantwortungslos abgestempelt zu werden, wenn wir uns auf unser Recht auf den «eigenen Weg» besinnen würden. Lieber reden wir uns unsere unbestimmte Sehnsucht selbst aus: «Das geht nicht!», «Ich muss Rücksicht nehmen!», «Das kann ich mir nicht leisten!», «Mir geht es doch eigentlich gut!»

Vielen Frauen wird die Selbstbeschreibung der amerikanischen Autorin Sarah Ban Breathnach bekannt vorkommen: «Ich war ein Workaholic, ich kümmerte mich aufopfernd um andere, ich war eine Perfektionistin. Ich konnte mich nicht daran erinnern, wann ich das letzte Mal freundlich zu mir war. War ich das überhaupt jemals? Auch wenn ich es nur ungern zugebe, ich war eine ärgerliche, missgünstige Frau, die sich ständig mit anderen verglich, mit dem Ergebnis, dass ich glaubte, das Leben bliebe mir etwas schuldig. Nur wusste ich nicht genau, was. Dieses geheime Sehnen verursachte mir permanente Schuldgefühle, denn schließlich hatte ich einen wunderbaren Ehemann und ein kluges, süßes, attraktives Kind. Ich hatte so viel und deshalb glaubte ich, nicht mehr vom Leben verlangen zu dürfen.»

Nicht mehr vom Leben verlangen dürfen: Wie Sarah Ban Breathnach fällt es auch uns oft schwer, den eigenen Wert richtig einzuschätzen. Wir denken, wir müssten dankbar sein für das, was wir haben, gleichgültig, wie schlecht es uns dabei geht. Oder wir sitzen der irrigen Meinung auf, dass wir uns nur mehr anstrengen müssen, dann kommt das Glück eines Tages auch zu uns. Noch mehr Erfolg im Beruf, noch mehr Einsatz für die Beziehung oder die Familie, noch mehr Freundlichkeit, so hoffen wir, sollte doch irgendwann Früchte tragen. Doch diese Politik des «Noch mehr» kann unsere Lebensqualität und Lebensfreude nicht erhöhen. Es ist gerade umgekehrt: Je weniger wir tun, je mehr wir unser Leben von Lasten und Verpflichtungen befreien, desto näher kommen wir der Person, die wir wirklich sind. Wir können das Leben führen, das wir uns erträumen, es ist nicht so weit von uns entfernt, wie wir fürchten. Allerdings müssen wir eine wichtige Bedingung erfüllen:

- Wir müssen besser für uns selbst sorgen, als wir es in der Vergangenheit getan haben.

«In erster Linie müssen wir sorgsam auf uns selber achten, dann auf die Geschäfte, endlich auf die, mit denen wir es zu tun haben. Vor allem ist es nötig, dass wir uns selber richtig einschätzen, denn oft meinen wir, mehr bewältigen zu können, als wir in Wirklichkeit imstande sind.» Diese weisen Worte des Philosophen Seneca sind von erstaunlicher Aktualität – gerade für uns Frauen. Sind darin doch zwei wesentliche Ratschläge enthalten, die wir in unserem Leben häufig vernachlässigen:

- Nimm dich wichtiger als alles andere. Lass dein Leben nicht bestimmen von Aufgaben und Verpflichtungen oder von den Bedürfnissen und Forderungen anderer.
- Lerne dich und deine Grenzen kennen. Mute dir nicht mehr zu, als du wirklich bewältigen kannst.

Meist ist schon viel gewonnen, wenn wir aufhören, uns selbst unter Druck zu setzen, und wenn wir das Tempo drosseln, mit dem wir uns selbst durchs Leben treiben. Gegen Erschöpfung, Nervosität, Gefühle der Unzulänglichkeit gibt es ein wirkungsvolles Rezept: Gelassenheit. Gelassen bleiben ist *die* Alternative zu unserer ungeduldigen, hektischen, anforderungsreichen Zeit. «You can't stop the waves but you can learn to surf» lautet eine Weisheit des Yogi Swami Satchitananda, die wir auch auf unser Leben übertragen können. So wie Stürme und Gewitter den Wellengang des Ozeans beeinflussen, so werden auch wir immer wieder von mal heftigen, mal weniger heftigen Stürmen heimgesucht. Wir können ihre Stärke und ihren Verlauf oft nicht beeinflussen, wir können den Wellengang nicht dämpfen und schon gar nicht gelingt es, ihn zu unterdrücken. Eines aber steht in unserer Macht: Wir können lernen, auf den Wellen des Lebens zu «surfen». Wir können lernen, uns nicht von ihnen überrollen zu lassen, sondern sie mit Gelassenheit geschickt zu nehmen.

Gelassen den unvermeidlichen Herausforderungen und Stresssituationen des Alltags zu begegnen und sich gelassen und ohne Schuldgefühle von unnötigem und überflüssigem Ballast zu befreien, das ist der beste Weg heraus aus der latenten Unzufriedenheit und dem Gefühl «Soll das alles immer so weitergehen?».

Die folgenden 10 Gebote geben konkrete Hinweise, wie Sie zu einer gelassenen Lebenskünstlerin werden können. Sie geben Hinweise zum klugen, kräftesparenden Umgang mit Stresssituationen und Krisenzeiten, zum Umgang mit den Mitmenschen, die – wenn wir nicht aufpassen – leider häufig auch zu Stressquellen werden können, und sie geben Hinweise, wie das eigene seelische Gleichgewicht gefunden und auf Dauer bewahrt werden kann.

Ganz bewusst spreche ich von «Hinweisen». Denn einen Eindruck möchte ich auf jeden Fall vermeiden: dass es gelingen kann, immer und zu jeder Zeit gelassen zu sein. Ein solcher Anspruch wäre falsch und würde nur erneut unter Druck setzen. Gelassen zu werden, das ist eine lebenslange Aufgabe, die wir mal besser, mal schlechter bewältigen können. Wichtig ist, sich dieser Aufgabe zu stellen und das Ziel «Gelassenheit» in der Hektik des Alltags niemals aus den Augen zu verlieren.

Wie Sie dieses Buch lesen können: am besten mit großer Gelassenheit! Wenn Sie wollen, fangen Sie mit dem ersten Kapitel an und enden mit dem letzten. Oder picken Sie sich das Gebot heraus, das Sie besonders neugierig macht, dessen Titel Sie besonders anspricht. Lesen Sie kreuz und quer, nach Lust und Laune. Möge beides, Ihre Lust und Ihre Laune, gestiegen sein, wenn Sie das Buch gelesen zur Seite legen.

Ladenburg, im Frühjahr 2000

Zehn Gebote für gelassene Frauen

I. Du sollst dem Leben eine spielerische Seite
abgewinnen

II. Du sollst dein Leben vereinfachen

III. Du sollst dich vom Alltag nicht auffressen lassen

IV. Du sollst Entscheidungsstress vermeiden

V. Du sollst auf deine innere Stärke vertrauen

VI. Du sollst dich selbst kontrollieren

VII. Du sollst Freund von Feind unterscheiden

VIII. Du sollst dir nicht zu viele Sorgen machen

IX. Du sollst von den Katzen lernen

X. Du sollst zu dir selbst finden

I.

Du sollst dem Leben eine spielerische Seite abgewinnen

Spielen Sie eigentlich noch? «Oh ja», werden Sie vermutlich antworten: «Ich spiele einmal die Woche Tennis» oder «Manchmal spiele ich mit Freunden Karten» oder «Ich habe einen Dauerlottoschein» oder «Mit meinen Kindern spiele ich Mensch ärgere dich nicht» oder «Hin und wieder vertreibe ich mir die Zeit mit einem Computerspiel». Erwachsene denken beim Stichwort «spielen» an Brettspiele, an sportliche Spiele, an Glücksspiele. Darüber hinaus ist das Spiel aber für die meisten kein Thema. Spielen, das ist etwas für Kinder. Ein erwachsener Mensch hat dafür keine Zeit. Spielen, wenn man es nicht mit seinen Kindern tut, ist meist Zeitverschwendung. Die Zeit verspielen – für viele ein Frevel, wo Zeit doch so knapp ist.

Das, was uns zum Thema «Spielen» einfällt, entlarvt unsere Einstellung dazu und zeigt, dass wir auf diesem Gebiet in den meisten Fällen große Defizite aufweisen:

- Wir haben oft falsche Vorstellungen vom Spielen.
- Wir wissen wenig über die Bedeutung des Spielens für Erwachsene.

Kinder spielen: selbstvergessen, ausgelassen, tobend, alleine, mit anderen, mit Fantasiefiguren. Kinder spielen Clown, sie spielen Prinzessin oder Räuber, sie spielen Vater–Mutter–Kind, sie probieren aus und verwerfen. Kinderspiel ist alles andere als ein Kinderspiel: Wenn Kinder spielen, erproben sie den Ernstfall, lösen Probleme, vertreiben Ängste, überbrücken Phasen des Alleinseins, erleichtern Trennungszeiten, wenn die Erwachsenen sie mal alleine lassen.

Wenn wir älter werden, verändern sich unsere Spiele und mit den Jahren verlieren sie ihren Stellenwert für uns. Das ursprüngliche, kindliche Spielen hat in einem erwachsenen Leben nichts mehr zu suchen, so glauben wir. Wenn wir überhaupt noch spielen, dann spielen wir Spiele der Erwachsenen: Wir spielen Golf oder Tennis, Roulette oder Skat, Schach oder Mühle.

Nichts gegen diese Spiele, sie können unserer Freizeit viel Sinn geben. Dennoch sind diese Spiele keine «richtigen» Spiele. Sie bringen nicht jene spielerischen Momente in unser Leben, die wir brauchen, um ein stressfreies, gelassenes Leben zu führen. «Richtiges» Spielen hat nichts mit sportlichen Leistungen zu tun, es kennt keine «Gewinner» oder «Verlierer». «Richtiges» Spielen ist wie das Kinderspiel: ziellos, unbeschwert, fantasievoll – kindlich eben. Spiele mit festen Regeln, Spiele, in denen man mit anderen in Wettbewerb tritt, Spiele, bei denen man sich etwas beweisen will, sind kein «Kinderspiel». Sobald wir erfolgreich, siegreich sein wollen, spielen wir nicht mehr. Und wir spielen auch nicht mehr, wenn wir Golf oder Tennis oder irgendeine andere Sportart mit Ehrgeiz betreiben. Paul Rosch, Mediziner und Präsident des New Yorker *American Institute of Stress* kritisiert unsere Einstellung zu sportlicher Betätigung:

«Früher sollen Menschen einmal tatsächlich Tennis oder Golf ganz einfach nur ‹gespielt› haben – aus reinem Spaß an der Freude. Heute dagegen arbeiten wir beim Golf am Handicap oder beim Tennis am Aufschlag: Die Leistung steht sehr viel stärker im Mittelpunkt als einfache Spielfreude. Hinzu kommt ein ausgeprägter Gruppendruck, etwa bezüglich des Outfits und der jeweiligen Ausrüstung immer auf den neuesten Stand sein zu müssen. Bei dieser Entwicklung ist auch der Begriff des Amateurs – der eigentlich ‹Sportliebhaber› bedeutete – zum abwertenden ‹Freizeitpfuscher› verkommen. Dagegen hat der Begriff des ‹Professionellen› eine steile Karriere gemacht: War der ‹Profi› früher nur jemand, der für seinen Job bezahlt wurde, so bezeichnet man heute jemanden als ‹wahren Profi›, der einen hohen Leistungsstand erreicht hat.»

Noch mal: «Richtiges» Spielen hat nichts mit Leistung zu tun, nichts mit Verlieren oder Gewinnen, mit Wettbewerb und Konkurrenz. Wie aber können wir erkennen, ob wir «richtig» spielen? Ein wahres Spiel hat fünf charakteristische Merkmale:

- Wenn Sie sich entschließen, «Ich will spielen», dann tun Sie das völlig freiwillig, ohne Druck von außen («Heute ist Turnier, du musst mitmachen») oder von innen («Ich muss joggen, ich habe zu viel gegessen»).

- Das Spiel ist pure Freude. Wenn Sie sich nach einem anstrengenden Workout im Fitnessstudio wohl fühlen, dann ist das natürlich ein Gewinn. Aber wenn die Stunde Aerobic für Sie mehr Arbeit als Spaß war, dann haben Sie in dieser Stunde nicht gespielt. «Richtiges» Spiel macht von der erste Minute an Freude.
- Das Spiel ist eine Form des Selbstausdrucks. Im Spiel zeigen Sie Ihren wahren Charakter, Ihre Stimmung, Ihr Selbst. «Richtiges» Spiel kennt keine Verstellung, kein Schaulaufen, keine Täuschung.
- Die Belohnung liegt im Spielen selbst. Wenn Sie ein Skatspiel erst dann genießen, wenn Sie gewonnen haben, dann haben Sie die Stunden davor nicht wirklich gespielt.
- Spielen lässt uns Zeit, Raum, Menschen, Sorgen, ja, uns selbst vergessen.

Spielen wie die Kinder, das heißt etwas tun ohne festen Sinn und Zweck. Wenn wir «richtig» spielen, dann fällt alle Last und Bürde von uns ab, wir denken nicht über Vergangenes nach, nicht über andere Menschen und auch nicht über uns selbst. Wer spielt wie ein Kind, vergisst sich selbst. Keine Selbstbeobachtung, keine Grübelei, kein erwartetes Ergebnis stört das Spiel. Wahres Spiel befreit, wir fühlen uns danach erfrischt, sind gut gelaunt und optimistisch gestimmt.

Warum müssen wir spielen wie die Kinder?

Für Sigmund Freud, den Begründer der Psychoanalyse, war ein Mensch dann psychisch gesund, wenn er fähig war zu lieben und zu arbeiten. Viele seiner Nachfolger und Nachfolgerinnen gehen auch heute noch von dieser Gesundheitsformel aus. Doch die ist nicht die ganze Wahrheit. Denn wenn wir lieben ohne spielerisches Element, und wenn wir arbeiten ohne spielerisches Element, dann fehlt es unserem Leben an Würze. Wir laufen Gefahr, in Langeweile und Routine zu erstarren oder uns vom Stress auffressen zu lassen. Menschen, die verlernt haben zu spielen wie die Kinder, können den Herausforderungen des Alltags nur schwer mit Gelassenheit begegnen. Wer dagegen auch als Erwachsener noch «richtig» spielen kann, hat nicht nur dieses gewisse Funkeln in den Augen und übt auf andere Menschen eine enorme Anziehungskraft aus, er wird auch mit Problemen besser fertig.

Wollen wir unsere psychische Stabilität nicht gefährden, sollten wir in regelmäßigen Abständen immer wieder innerlich ein paar Schritte von unseren Alltagsproblemen Abstand nehmen. Wir brauchen regelmäßige Auszeiten vom Erwachsenenleben. Auszeiten, in denen wir den Beruf, den Partner, die Kinder, die Steuererklärung, den Haushalt – kurz: alles, was das Erwachsensein so mit sich bringt – aus unserem Denken verbannen und nichts anderes mehr zählt als wir selbst. Am allerbesten gelingen uns solche Auszeiten, indem wir spielen. Das wahre Spiel ist der Schlüssel, der die Tür zu uns selbst öffnet.

Wie wichtig das Spielen für unsere seelische Gesundheit ist, sehen wir daran, dass Menschen mit psychischen Problemen diesen Schlüssel verloren haben. Wer unter Ängsten und Depressionen leidet oder gar mit schwereren psychischen Störungen zu kämpfen hat, der kann nicht mehr spielen. Umgekehrt werten es Psychotherapeuten als Zeichen der Besserung, wenn ihre Klienten wieder «spielerischer» werden.

Psychische Krankheiten, aber auch zu großer Stress unterdrücken den biologischen Drang zum Spielen, den alle höher entwickelten Lebewesen – von den Fischen bis zu uns Zweibeinern – besitzen.

Wenn wir richtig spielen, dann – so haben Forscher herausgefunden – erhalten wir eine optimale Stimulation. Nach Mihaly Cszikszentmihalyi, Psychologe an der Universität von Chicago, liegt unser Stimmungskontinuum zwischen «Langeweile» auf der einen und «angstproduzierendem Chaos» auf der anderen Seite. Am besten geht es uns, wenn wir einem mittleren Maß an Stimulation ausgesetzt sind: dann gerät unser Geist ins «Fließen». Cszikszentmihalyi spricht vom «Flow-Zustand», in dem eine ideale Balance besteht zwischen unseren Fähigkeiten und unserer jeweiligen Tätigkeit. Wenn uns der «Flow» gelingt, dann sind wir voller Selbstvertrauen und kümmern uns nicht mehr um Vergangenheit oder Zukunft: wir leben intensiv den Augenblick und scheren uns nicht darum, was um uns herum passiert. Wir vergessen die Zeit, haben keine Bedürfnisse mehr, alle Langeweile ist weg, ebenso Ängste oder Sorgen.

Das kindliche Spiel ist eine Möglichkeit, in diesen wertvollen Flow-Zustand zu geraten. Es vermittelt uns das richtige Maß an Stimulation, über- oder unterfordert uns nicht.

Wenn wir regelmäßig richtig spielen, bringen wir Ruhe und Gelassenheit in unser Leben. Gleichzeitig erwerben wir damit ein wirksames Schutzkleid gegen Überlastungen und Zumutungen.

Es lohnt sich also, über die eigene spielerische Natur nachzudenken und sie neu oder wieder zu entdecken. So kann es Ihnen gelingen:

- Denken Sie zunächst in Ruhe darüber nach: Spielen Sie? Wenn ja, was verstehen Sie unter «spielen»? Hat Ihr Spiel etwas mit Leistung zu tun, verfolgen Sie damit ein bestimmtes Ziel? Wenn ja, dann spielen Sie nicht richtig.
- Überlegen Sie, wie Sie das, was Sie bislang sich selbst als «Spiel» verkauft haben, spielerischer gestalten können. So kann Joggen durchaus ein Spiel sein, wenn Sie sich keine Kilometer- oder Zeitvorgaben machen und immer wieder Pausen einlegen, um die Natur zu betrachten, einen besonders skurril verwachsenen Baumstamm zu bewundern oder konzentriert auf den Gesang einer Amsel zu hören. Wenn Sie joggen wie ein junger Hund, verspielt mal da oder dort Halt machen, wieder weiterlaufen, sich erneut ablenken lassen, dann wird Ihr Ausdauersport zum Kinderspiel.
- Wenn für Sie Sport und Spiel untrennbar miteinander verbunden sind, dann sollten Sie sich unbedingt klarmachen, dass Sie eine Amateurin sind und dies auch mit Freuden bleiben wollen. Wie oben schon erwähnt, übt der Amateur eine Tätigkeit aus, weil er sie liebt, nicht,

weil er eine bestimmte Leistung erbringen will oder muss. Sobald Sie Ihren Amateurstatus aus vollem Herzen akzeptieren, bannen Sie die Gefahr, aus Spiel Stress werden zu lassen.

- Erinnern Sie sich daran, was Sie als Kind gerne gespielt haben. Gehen Sie mal wieder mit einem Bein auf dem Bordstein und dem anderen auf der Straße, balancieren Sie beim nächsten Waldspaziergang auf einem Baumstamm, suchen Sie im Feldweg nach den wunderbaren Mustern, die die Trockenheit in den Boden gezaubert hat. Setzen Sie sich auf dem Kinderspielplatz auf die Schaukel und schwingen Sie sich in die Lüfte, wie damals, als sie fünf Jahre alt waren.

- Dichten Sie. Können Sie nicht? Wer sagt das? Schreiben Sie doch einfach mal nieder, was Sie fühlen, wenn der Vollmond nachts Ihr Zimmer erhellt. Warum nicht in Worte fassen, wie die Stimme des Geliebten in Ihren Ohren klingt? Lassen Sie die Ideen purzeln, zensieren Sie sich nicht selbst. Ihre Gedichte sind nur für Sie selbst bestimmt. Wenn Sie es nicht wollen, wird niemand anderer sie zu Gesicht bekommen.

- Spielen wie ein Kind, das bedeutet auch, die erwachsene «Bedenkenträgerin» mal in Urlaub zu schicken und einfach zu «spinnen». Wann sind Sie das letzte Mal auf einer Mauer gesessen, haben Luftschlösser gebaut und die Beine baumeln lassen? Wie lange ist es her, dass Sie ausgelassen und mit «irren» Verrenkungen getanzt haben – spontan und ganz für sich alleine? Wenn Sie Kinder haben, dann werden Sie hoffentlich öfter solche «kindischen» Momente erleben. Für alle anderen ist es wichtig, dass sie regelmäßig anfangen zu «spinnen»: Schalten Sie den Verstand aus, tollen Sie herum, lassen Sie Ihrer Fantasie freien Lauf, träumen Sie vom Märchenprinzen oder der Traumfrau, malen Sie sich aus, wie sie es allen mal so richtig zeigen werden. Stellen Sie sich auf den Kopf, wenn Ihnen danach ist, schlagen Sie Rad oder verschönern Sie – in der Fantasie – die triste Unterführung, durch die Sie jeden Tag gehen müssen, mit grellen Graffiti: Was würden Sie am liebsten auf die Wand sprühen? Welche Gestalten? Welche Sprüche?

Was immer Sie auch spielen – lassen Sie das Kind, das in Ihnen steckt, die Regie dabei führen. Dann können Sie sicher sein, dass Sie «richtig» spielen, dann werden Ihre Augen Funken sprühen und Sie werden die Lasten des Erwachsenenlebens danach sehr viel gelassener tragen.

II.

Du sollst dein Leben vereinfachen

»Ich brauche unbedingt . . .«, sagen Sie, wenn Sie auf Einkaufstour gehen. Und meinen damit nicht das Nötigste, sondern meist Dinge, die Sie eigentlich gar nicht brauchen: einen Pullover in der neuen Trendfarbe, eine technisch bessere Stereoanlage, ein neues Küchengerät, einen noch schnelleren Drucker, die von der Werbung heftig angepriesene Parfümmarke . . . Nach jedem Einkaufstrip haben Sie wieder einen Gegenstand mehr in der Wohnung oder im Kleiderschrank. «Was ist schon dabei?», fragen Sie und weisen darauf hin, dass Einkaufen Spaß bereitet und Sie an dem Neuerworbenen Freude haben. Fragt sich nur: Wie lange hält die Freude an? Und wie hoch ist der Preis, den Sie – abgesehen vom Geld – für Ihre Neuerwerbung zahlen müssen? Haben Sie schon mal darüber nachgedacht, dass die vielen Dinge, die Sie im Laufe der Zeit anhäufen, zum großen Teil stressiger Ballast sind, der nicht nur Ihren Geldbeutel belastet, sondern auch Ihr Wohlbefinden? Überflüssiger Konsum von Waren kostet nicht nur Geld, sondern auch Zeit, Kraft und Nerven.

Ein wesentliches Merkmal des modernen Lebensstils ist es, sehr viel Energie an Dinge und Aktivitäten zu verschwenden, die – genau besehen – weitgehend wertlos sind. Dazu gehört auch das Kaufen, Horten und Pflegen von materiellen Gütern, die man eigentlich gar nicht braucht. Ein einziger Blick in unsere Schränke und Schubladen, unsere Keller, Speicher und Garagen belegt unser Lebensmotto «consumo, ergo sum» – «Ich kaufe, also bin ich». Wir sind überzeugt davon, dass wir uns Gutes tun, wenn wir uns für erbrachte Leistungen oder weil es uns gerade mal nicht so gut geht, mit «etwas Neuem» belohnen. Doch erst hinterher, wenn es längst zu spät ist, wir den Kauf nicht mehr rückgängig machen können, merken wir, dass die Befriedigung nur kurzfristig, der damit verbundene Stress aber langfristig ist.

Wollen Sie mehr Gelassenheit in Ihr Leben bringen, dann ist es ratsam, den eigenen Konsum- und Lebensstil zu überprüfen und sich zu fragen: «Was brauche ich wirklich, auf was kann ich verzichten?»

Der Verein «Global Challenges Network e. V.» stellte seinen Mitgliedern genau diese Frage – «Auf was können Sie verzichten?» – und erhielt anregende Antworten:

- «Ich habe mich vom Fernsehen befreit mitsamt dem ganzen Video-Kram. Als viel beschäftigter Mensch brauche ich das ganze Freizeit-Konsumangebot nicht. Vom Auto habe ich mich ganz befreit, und als ich noch eines brauchte, habe ich mich vom überflüssigen Herumfahren befreit. – Gewächshaustomaten brauche ich auch nicht.»
- «Auf ‹mehr› Geld. Kühlschrank, Auto und Heizung mit weniger Energieverbrauch auswählen. Wenn möglich, das Auto durch die Bahn ersetzen.»

- «Lebensmittel mit weitem Transportweg.»
- «1. Auf ein großes Auto. 2. Auf viele beheizte Räume.»
- «Mikrowelle, noch mehr Satellitenprogramme, noch mehr Handys.»
- «Nicht auf das Auto, aber auf viele Autofahrten.»
- «Weite Reisen, drittes und viertes Auto, internationale Nahrungsmittel, Mountainbikes, Ski etc., 80 Prozent aller CDs, MCs, Computerspiele.»
- «1. Was ich gar nicht haben will: Kaffeemaschine, Mikrowelle. 2. Was ich besitze, aber eigentlich nicht brauche: Fernseher, Geschirrspüler. Ich könnte mit weniger Wohnfläche leben. 3. Was ich habe und lieber loswerden möchte: Auto, Elektroherd (Gasherd wäre besser), Warmwasserboiler.»

Die Mitglieder des Vereins «Global Challenges Network e. V.» sind umweltpolitisch engagierte Menschen. Sie machen sich wahrscheinlich mehr und intensiver als der Durchschnitt der Bevölkerung Gedanken über das Thema «Umweltzerstörung und Konsumverhalten» und das prägt auch ihre Einfälle zum Thema «Verzicht».

Für weniger «vorbelastete» Menschen ist die Frage «Auf was können Sie verzichten?» schwerer zu beantworten. Vor allem jene werden sich zunächst ratlos am Kopf kratzen, die zu den «Sammlern» gehören, die sich nur äußerst widerwillig von Dingen trennen können und immer neue Gegenstände in ihre «Höhle» schleppen.

Wenn Sie Ihr Leben vereinfachen und entrümpeln wollen, um stressfreier und gelassener leben zu können, beginnen Sie mit folgenden Überlegungen: Wann haben Sie das letzte Mal die Crêpepfanne benutzt, wann das Fonduegeschirr? Wie oft benutzen Sie den Mikrowellenherd? Und was ist mit der Saftpresse, der elektrischen Joghurtmaschine, dem Waffeleisen, dem elektrischen Brotmesser? Benutzen Sie diese Gegenstände regelmäßig? Die alten Zeitungen und Zeitschriften, die sich im Keller stapeln, werden Sie darin jemals wieder lesen? Wozu haben Sie sich Internet und E-Mail angeschafft? Und ist es wirklich notwendig, dass auch im Schlafzimmer ein Fernseher steht?

Für die Entscheidung «behalten oder weggeben» ist folgende Faustregel hilfreich:

1. Gegenstände, die Sie regelmäßig in Gebrauch haben, erleichtern Ihnen den Alltag. Sie sind notwendig und kein überflüssiger Schrott.
2. Gegenstände, die Sie nur selten oder überhaupt nicht benutzen und die für Sie keine emotionale Bedeutung haben («diese Kaffeekanne gehörte meiner Großmutter»), sind mit großer Wahrscheinlichkeit überflüssiger Ballast. Was Sie mehr als ein Jahr lang nicht in Gebrauch hatten, sollten Sie loswerden.

Wenn Sie jetzt denken: «Warum soll ich denn die Saftpresse weggeben, die steht doch gut im Schrank und stört mich nicht», haben Sie noch nicht die Macht überflüssiger Objekte erkannt. Wir sollten sie nicht nur deswegen loswerden, weil sie unsere Wohnung verstopfen. Viel wichtiger ist, dass sie uns wertvolle Zeit und Energie kosten, denn auch Unnützes muss in Ordnung gehalten werden. Alles, was sich in Ihrem Haushalt, in Ihren Schränken und Kommoden befindet, müssen Sie sauber halten, richtig lagern, beim Putzen beiseite räumen.

Wenn es Ihnen wirklich ernst ist mit dem Entmüllen, fangen Sie klein an.

- Nehmen Sie sich einzelne Regale oder Schubladen vor, prüfen Sie, ob Sie den Inhalt wirklich noch brauchen. Wenn Sie alles auf einmal aufräumen wollen, geben Sie bald entnervt auf.
- Seien Sie hartnäckig: Beurteilen Sie jeden Gegenstand, jedes Kleidungsstück nach dem Wert, den es für Sie besitzt. Wenn es wertlos ist und nicht mehr benutzt wird, entsorgen Sie es. Wenn Sie noch unschlüssig sind, legen Sie die Dinge in einen Karton, lassen Sie diesen ein paar Monate stehen. Wenn Sie dann immer noch nichts von seinem Inhalt vermisst haben – weg damit!
- Lassen Sie sich nicht ablenken: Lesen Sie nicht jede Zeitung, jede alte Postkarte, ehe Sie sie wegschmeißen, probieren Sie alte Kleidungsstücke nicht an – sonst werden Sie mit dieser Arbeit niemals fertig.
- Heben Sie Zeitungen und Zeitschriften nur für einen begrenzten Zeitraum auf. Schneiden Sie keine Artikel aus – Sie lesen diese mit großer Wahrscheinlichkeit niemals wieder.

- Füllen Sie den nach Ihrer Entmüllungsaktion gewonnenen Platz nicht wieder mit neuen Dingen auf. Denken Sie daran: Was nicht da ist, braucht keine Pflege und keine Aufmerksamkeit.

Sobald Sie anfangen darüber nachzudenken, auf was Sie wirklich verzichten können, wird sich ganz automatisch Ihr Konsumverhalten verändern. Ehe Sie etwas kaufen, werden Sie sich fragen: «Brauche ich das wirklich?» Und: «Wie hoch ist der tatsächliche Preis, den ich für diesen Gegenstand bezahlen muss? Wie viel Zeit und Arbeit wird er mich kosten?» Sobald Sie ernsthaft Ihre Konsumwünsche überdenken, werden Sie immun gegen die Flut der Werbebotschaften, die uns immer neue Bedürfnisse einreden und dadurch einen erheblichen Stressfaktor in unserem Leben darstellen.

Nehmen wir zum Beispiel das Handy: Innerhalb kürzester Zeit hat sich das mobile Telefonieren durchgesetzt. Weil es nicht ausreicht, dass möglichst jeder Mensch, der einen geraden Satz formulieren kann, ein mobiles Telefon besitzt, entwickelt die Branche immer neue, immer kleinere, immer ausgefeiltere Modelle. Hat nun jemand den Ehrgeiz, auf dem unüberschaubar gewordenen Markt das für ihn richtige Gerät und den günstigsten Anbieter zu finden, muss er viel Zeit und Nerven investieren. Und er muss im Vorfeld schon Geld ausgeben für Zeitschriften, die ihm einen Weg durch den Handydschungel bahnen. Ähnlich gefordert sind wir, wenn wir einen Computer brauchen, ein Videogerät anschaffen oder ins Internet wollen. Jede neue Anschaffung kostet Geld, Zeit, Energie und Nerven. Jede neue Anschaffung stresst. Gelassen einkaufen, wer kann das heute noch angesichts der Notwendigkeit, aus einem Überangebot das persönlich Richtige herauszufinden? Und wenn man sich dann endlich entschieden hat, kann man sich immer noch nicht gelassen zurücklehnen, denn jetzt kommen die Zweifel: Habe ich wirklich das beste Produkt gekauft? Hätte es vielleicht noch etwas Besseres gegeben? Wenn man dann noch einen Testbericht zu dem erworbenen Konsumgut in die Hände bekommt, der eine andere Empfehlung abgibt, ist die Seelenruhe endgültig dahin.

Konsum kann Terror sein. Deshalb: Wenn es uns gelingt, möglichst wenig zu kaufen und gelassene Distanz zu den verlockend angepriesenen Objekten zu halten, bekommen wir das, was sich die meisten Menschen erhoffen, wenn sie auf Einkaufstour gehen: Zufriedenheit, Entspannung.

Gerhard Scherhorn, Professor für Konsumtheorie und Verbraucherpolitik an der Universität Hohenheim, hat festgestellt, was sich hinter dem Konsumverhalten vieler Menschen verbirgt: «Sehr viele befinden sich bereits auf der Vorstufe des süchtigen Kaufens, sie zeigen eine ausgeprägte Tendenz zum ‹kompensatorischen› Kaufen. Kompensiert wird das Gefühl einer inneren Leere, eines Unausgefülltseins; das Gefühl, als Person nicht vorbehaltlos akzeptiert zu werden. Kompensiert werden Frustrationen, Niederlagen und vermeintliche Defizite.» Die meisten Menschen, so Scherhorn, sind sich dessen nicht bewusst. Kaufen ist für sie eine «Form der unbewussten Selbsthilfe – man braucht

etwas von außen, was die innere Leere füllen hilft». Das mag
eine Erklärung dafür sein, dass an Feiertagen, die nur in bestimmten Bundesländern gelten (zum Beispiel Baden-
Württemberg), die Menschen wie Lemminge in die Ein-
kaufszentren des benachbarten Bundeslandes strömen (zum
Beispiel Hessen), das diesen Feiertag nicht kennt.

Wer einkaufen geht, muss sich nicht mit sich oder gar anderen Menschen auseinander setzen, er vermeidet die Erkenntnis, dass er eigentlich nichts mit sich anzufangen weiß.
Von dem neu erworbenen Anzug, der gerade erschienenen
CD oder dem letzten Schrei auf dem Swatch-Uhrenmarkt
erhofft sich der Käufer dabei mehr als nur Freude am Ob-
jekt: Mit dem Gegenstand hofft er auch Entspannung, Zu-
wendung, Sicherheit oder Zufriedenheit kaufen zu können.
Nicht umsonst verknüpft die Werbewirtschaft die angepriesenen Produkte längst mit einem bestimmten Image: Sie
verkauft weniger das Produkt als ein Lebensgefühl. Schoko-
lade steht dann für mütterliche Liebe, die Backmischung für
Familientradition, der neueste Duft für Sex und Liebes-
abenteuer.

Gelassene Lebenskünstler fallen auf solche Botschaften
nicht mehr herein. Sie haben durchschaut, dass materielle
Güter nur kurzfristig befriedigen können. Sie verweigern
sich dem Konsumterror, sie halten sich möglichst viel Kon-
sumschrott vom Leibe und interessieren sich dafür mehr für
Immaterielles: Wenn sie sich selbst Gutes tun wollen, dann
gehen sie nicht einkaufen. Sie pflegen vielmehr ihre sozialen
Beziehungen, engagieren sich sozial oder politisch, küm-

mern sich um Umweltbelange oder genießen Kunst und Musik und pflegen ihre Hobbys.

Gelassene Lebenskünstler haben erkannt, dass der wahre Luxus längst nicht mehr in kaufbaren Statussymbolen liegt. «Das, worauf es ankommt, hat kein Duty Free Shop zu bieten», schreibt Hans Magnus Enzensberger und nennt die neuen Luxusgüter: Zeit, Aufmerksamkeit, Platz, Ruhe, gesunde Umwelt, Sicherheit.

Wenn Sie sich ein gelasseneres Leben wünschen, kommen Sie nicht umhin, Ihr Leben zu entmüllen und Ihre Einstellung zu Konsumwaren zu überdenken. Je mehr Platz Sie in ihren Schränken, Ihrer Wohnung, Ihrer Zeit, Ihrem ganzen Leben freiräumen, desto freier werden Sie sich selbst fühlen.

Ihre Entrümpelungsaktion sollte aber nicht nur auf die angesammelten und gekauften Gegenstände beschränkt bleiben. «Wir sollten auch unsere Freizeitgewohnheiten ‹entrümpeln›: uns mit weniger Dingen bewusster beschäftigen. Nicht in jeden neuen Film rennen, nicht ständig gedankenlos Musik hören, während wir etwas anderes tun, nicht gleichzeitig telefonieren und den Fernseher laufen lassen», rät die Sozialwissenschaftlerin und Autorin Herrad Schenk. Und sie fährt fort:

«Vereinfachung bedeutet auch einen anderen Umgang mit der Zeit, das Bestreben, sich der ständigen Beschleunigung des allgemeinen Lebenstempos zu verweigern – die ‹Entdeckung der Langsamkeit›. Vereinfachung bedeutet nicht nur, weniger Gegenstände bewusster zu erwerben und zu nutzen, sondern sich auch mit weniger und bewusster wahrgenommenen Eindrücken intensiver auseinander zu setzen, sich partiell der Informationsflut zu verweigern, die ständig über uns hereinbricht.»

Weniger ist mehr. Diese Erkenntnis können wir auf viele Bereiche unseres Lebens anwenden. Wenn es uns gelingt, sie in die Tat umzusetzen, haben wir einen ganz wesentlichen Schritt hin zu einem gelassenen Leben getan.

III.

Du sollst dich vom Alltag nicht auffressen lassen

«Am siebten Tage aber sollst du ruhn!» So steht es in der Bibel. Den Christen ist daher der Sonntag heilig, und im jüdischen Glauben sorgt der Sabbat dafür, dass dieses Gebot nicht vergessen wird. Bereits am Freitagabend treten die Sabbat-Regeln in Kraft: Kein Telefongespräch darf mehr angenommen, kein Essen gekocht, keine Wohnung geputzt, kein Auto gewaschen werden. Besuche sind erlaubt, aber nur, wenn man dafür nicht mehr als 2000 Schritte gehen muss.

Heute halten nur noch streng orthodoxe Juden die Sabbat-Regeln ein. Alle anderen unterscheiden sich nicht von der Mehrheit der Christen, die längst vergessen haben, wozu der siebte Tag der Woche gut ist. Sonntags haben sie nichts Besseres zu tun, als sich ins Auto zu setzen und weit entlegene Orte anzusteuern – um sich zu entspannen, wie sie sagen. Oder sie werkeln in Haus und Garten – weil es nötig ist. Oder treiben sich auf überfüllten Wochenendveranstaltungen herum – um mal auf andere Gedanken zu kommen.

«Wir haben den Sabbat verloren», klagt der amerikanische Psychotherapeut Wayne Muller. Und meint damit nicht nur, dass wir keinen Ruhetag mehr in der Woche haben. «Sabbat» ist für Muller ganz allgemein ein Synonym für die Fähigkeit, in einem rastlosen und arbeitsreichen Leben innezuhalten. «Wer den Sabbat vergisst, der arbeitet zu hart und zu viel und vernachlässigt die Menschen in seinem Leben, die er liebt.» Wer den Sabbat vergisst, weiß nicht mehr, was Muße ist.

Die meisten Menschen haben heute den «Sabbat» vergessen. Zu schnelllebig, zu stressig ist der Alltag, zu zahlreich die Anforderungen, als dass wir noch regelmäßig Ruhe finden könnten. Neue Technologien wie Computer, Fax, E-Mail sind nur ein Symbol für den immer schneller werdenden Zeittakt, der uns wie die Maus im Laufrad tagtäglich unser Pensum abarbeiten lässt. Die Beschleunigung, die bei der Übermittlung von Daten und Kommunikation noch hilfreich sein mag, erfasst auch alle anderen Lebensbereiche. Ob es um Gespräche mit dem Partner, um die Betreuung der Kinder oder um unsere Freunde geht – zum wirklichen Innehalten, zum Nachdenken, zum Miteinander-Sein bleibt zu wenig Zeit.

Glauben wir. Denn genau besehen hätten wir durchaus Zeit: Nach einer Statistik des Instituts der deutschen Wirtschaft in Köln sitzt ein Erwachsener im Schnitt dreieinviertel Stunden pro Tag vor dem Fernsehgerät. Das summiert sich zu siebeneinhalb Wochen im Jahr oder zu zehn Jahren Lebenszeit. Warum gehen wir mit unserer ohnehin knappen Zeit so verschwenderisch um? Weil wir häufig zu erschöpft sind, um noch «etwas Sinnvolles» zu tun. Nach einem anstrengenden, hektischen Tag wollen wir nichts anderes mehr als die Beine hochlegen und unsere Ruhe haben: keine Termine, kein Telefon, kein gar nichts. Dabei übersehen wir jedoch, dass Fernsehen uns nicht die Entspannung bringt, die wir uns wünschen. Nach einem Fernsehabend fühlen sich die meisten Menschen noch genauso, wenn nicht gar noch mehr gestresst als zuvor. Das passive Fernsehen lenkt zwar ab von den Problemen des Alltags, von einem anstrengenden Arbeitstag oder dem Ärger mit den Kindern – aber es bringt nicht die ersehnte Entspannung und den eigentlich angestrebten inneren Frieden.

Wenn es darum geht, den Grundstock für mehr Gelassenheit im Leben zu legen, dann gelingt dies nicht durch einen gemütlichen Fernsehabend oder andere betäubende Ablenkungen. Zerstreuung verhilft uns nicht zu einer gelasseneren Lebenshaltung. Das können nur richtige Mußestunden leisten. «Man muss dem Geist Erholung einräumen und ihm immer wieder Muße gönnen, die ihm zur Nahrung und Kräftigung dient», riet der Philosoph Seneca.

Was aber ist der Unterschied zwischen Zerstreuung und Muße? «Muße ist das Kunststück, sich selbst ein angenehmer Gesellschafter zu sein», sagte mal ein kluger Mann. Ganz offensichtlich bringen wir dieses Kunststück immer seltener zustande. Wir schalten die Zeittotschlagmaschine Fernsehen ein, stürzen uns an freien Tagen auf die Autobahnen, hetzen von einem Freizeittermin zum anderen –

alles, um nur ja nicht mit uns selbst alleine sein zu müssen. Uns ist das «Tätig-sein-Wollen(-Müssen) so in Fleisch und Blut übergegangen, dass wir uns auch dort Tätigkeiten suchen, wo sie weder angebracht noch vonnöten sind», kritisiert der Philosoph Peter Heintel, Gründer des «Vereins zur Zeitverzögerung». Die griechischen Philosophen, erzählt Heintel, seien auf der Straße immer mal wieder plötzlich stehen geblieben. Völlig in sich versunken, hätten sie nachgedacht. Was würde geschehen, wenn auch heute noch Menschen im Stadtgetümmel plötzlich stehen blieben? Man würde sie als Verkehrshindernis beschimpfen und sie für «verrückt» halten. Auf unseren Straßen ist «beschleunigtes Gehen geboten», meint Heintel. Denn wir wissen «Müßiggang ist aller Laster Anfang» und leben nach dem Motto: «Was du heute kannst besorgen, das verschiebe nicht auf morgen».

Im 17. Jahrhundert kam mit der protestantischen Ethik der Gedanke auf, dass Zeit kostbar ist und deshalb nicht verschwendet werden darf: «Die Zeit ist ein allzu wertvolles Gut, um missachtet zu werden. Sie ist eine goldene Kette, an der die ganze Ewigkeit hängt; der Verlust von Zeit ist unverzeihlich, denn er ist durch nichts wieder gutzumachen», heißt es in einem Text aus dem Jahr 1690.

«Muße ist uns gründlich abgewöhnt worden», klagt Peter Heintel. «Wir vertragen sie nicht mehr, fühlen uns unnütz in ihr, abgewertet, leer und ängstlich. Tätigkeit, Arbeit, Aktivität müssen sein, damit wir uns spüren.»

Dass wir dafür einen hohen Preis zu bezahlen haben,

zeigen wissenschaftliche Studien. Seit 1960 hat sich der Stress in unserem Leben um 44 Prozent erhöht. Stresskrankheiten wie Bluthochdruck, Herz-Kreislauf-Störungen, psychosomatische Beschwerden haben deutlich zugenommen. Und immer mehr Menschen erkranken an Depression. Der amerikanische Psychologe Michael Yapko sieht einen deutlichen Zusammenhang zwischen dem Anstieg depressiver Erkrankungen und dem immer größer werdenden Stress. Das Leben ist so anstrengend geworden, dass viele Menschen nicht mehr damit fertig werden.

Wollen wir an Leib und Seele gesund bleiben, wollen wir mehr Gelassenheit in unser Leben bringen, müssen wir die Stress- und Zeitfallen entschärfen. Dies gelingt am besten, indem wir den Sabbat wieder entdecken und uns eine Weisheit der Fischer ins Gedächtnis rufen: «Es gibt eine Zeit zum Fischen und eine Zeit, die Netze zu trocknen.» Oder anders ausgedrückt: Wir können nicht wie die Maus im Laufrad ununterbrochen aktiv sein und Leistung bringen. Wir brauchen dringend regelmäßige Zeiten, in denen wir Kraft tanken, unsere «Batterie» wieder aufladen, in denen wir wieder zur Besinnung kommen.

Wie aber können wir uns der Hektik des Alltags entziehen? Wie können wir lernen, uns selbst ein «angenehmer Gesellschafter» zu sein? Indem wir Schritt für Schritt den «Sabbat» wieder in unser Leben einführen und uns Inseln der Ruhe, des Innehaltens schaffen. Wie das konkret aussehen kann? Hier ein paar Anregungen:

Innehalten im Alltag

Auch im noch so hektischen Alltagsablauf gibt es Zeitlöcher: die Ampel steht auf Rot, wir warten auf den Bus oder sitzen im Wartezimmer der Ärztin. Nutzen wir diese kurzen Momente, um tief durchzuatmen, zu uns zu kommen, unsere Gedanken schweifen zu lassen, uns Tagträumen hinzugeben. Einzige Regeln: Problemewälzen ist tabu. Die Zeitlöcher sind für angenehme Gedanken und Träume reserviert. «Ein Tag mit 15 Momenten, in denen die Zeit stillzustehen scheint, wird Sie zufrieden, ausgeglichen und beruhigt machen, ganz gleichgültig, wie viel Arbeit Sie hatten», verspricht der amerikanische Psychotherapeut David J. Kundtz.

Muße-Experten wissen das und stellen sich deshalb im Supermarkt immer in die längste Schlange. Auf diese Weise gewinnen sie Zeit ganz für sich allein. Solange sie an der Kasse anstehen, will niemand etwas von ihnen, sie können sich in Ruhe mit sich selbst beschäftigen.

Eine weitere Möglichkeit zur Muße, zum Innehalten bieten die vielen Alltagshandlungen, die wir längst nicht mehr zu würdigen wissen. Hausarbeit, Bügeln, Spülen, Kochen, Putzen – all das wollen wir «schnell erledigen», «hinter uns bringen», «abhaken», weil wir glauben, dass sie uns nur Zeit stehlen. Das Gegenteil ist der Fall: Wenn wir lernen wollen, Muße in unser Leben zu bringen, sollten wir gerade jene ungeliebten Tätigkeiten in Muße-Momente verwandeln. Der vietnamesische Mönch Thich Nhat Hanh erklärt, warum jeder Moment ein wertvoller Moment sein sollte: «Wenn ich nicht in der Lage bin, freudig meine Teller abzuwaschen und sie stattdessen so schnell wie möglich spüle, damit ich zu meinem Nachtisch komme, werde ich auch nicht in der Lage sein, mein Dessert mit Freude zu genießen.»

Auch Rituale sind eine gute Möglichkeit, um sich «Zeit-löcher» zu verschaffen. So macht es einen erheblichen Unterschied, ob wir abgehetzt von einem langen Arbeitstag ohne Pause sofort das Abendessen kochen, oder ob wir ein kurzes Ritual dazwischenschieben: erst mal ein Bad nehmen, die Lieblingsmusik unter Kopfhörer hören, die Blumen gießen. . .

Müßige Beschäftigungen

Muße bedeutet nicht zwangsläufig Nichtstun. In Muße-Zeiten ist man im Gegenteil oft sehr aktiv – nur hat diese Aktivität eine völlig andere Qualität als unsere sonstigen Alltagsaktivitäten.

Lesen: Lesen Sie regelmäßig zu einem bestimmten Zeitpunkt des Tages – morgens nach dem Aufwachen zum Beispiel oder abends vor dem Schlafengehen – ein Gedicht, das Ihnen gut gefällt. Denken Sie einige Minuten darüber nach: Was gefällt Ihnen daran so gut? Welche Aussage hat das Gedicht? Wenn Gedichte Ihnen weniger liegen: Gerade in den letzten Jahren sind zahlreiche kleine Büchlein auf den Markt gekommen, die mit Kurzmeditationen und Denkanstößen durch den Alltag begleiten wollen. Auch diese Texte sind hervorragend geeignet, um einmal täglich innezuhalten und Muße zu üben. Je häufiger Sie dies tun, desto schneller entführen diese Texte Sie aus Ihrem Alltag.

Schreiben: Wir schreiben Faxe und E-Mails, fassen uns knapp. Dass Schreiben auch Muße sein kann, geht im beschleunigten Alltag verloren. Tagebuchschreiben ist daher eine weitere ideale Muße-Übung. In der Zeit, in der Sie aufschreiben, was Sie erlebten, dachten, fühlten, sind Sie sich selbst genug. Sie werden nicht abgelenkt durch Äußerlichkeiten, Sie verbringen Mußestunden mit sich selbst.

Orte: Es gibt Orte, die Ruhe und Frieden ausstrahlen. An diesen Orten fühlt man sich sofort geborgen. Diese Orte sind Orte der Kraft und der Muße. Als Kind hatten Sie wahrscheinlich einen solchen Platz: der Schuppen im Garten, die Nische im Wandschrank, die schattige Stelle am Fluss ... Dorthin zogen Sie sich zurück, wenn die Welt Ihnen übel mitspielte. Welcher Ort vermittelt Ihnen heute diese Sicherheit? Wenn Sie noch keinen derartigen Platz kennen, suchen Sie danach: Vielleicht ist es eine ganz bestimmte Parkbank, ein Bild im Museum, das Kuschelsofa in Ihrer Wohnung.

Sinnlichkeit: Muße können Sie auch durch sinnliche Erlebnisse erfahren, wenn Sie sich einer Sache völlig hingeben. Auch das können Sie üben, zum Beispiel indem Sie eine Orange mal auf völlig andere Weise als sonst üblich essen:

Atmen Sie tief und entspannen Sie alle Muskeln. Lenken Sie die Aufmerksamkeit auf die Orange. Überlegen Sie: Woher kommt diese Frucht? Betrachten Sie die Farbe, die Beschaffenheit. Fangen Sie langsam an, die Orange zu schälen. Achten Sie auf den Duft, den sie verströmt. Zerlegen Sie danach die Orange langsam in Spalten. Wie viel Spalten sind es? Nun erst beginnen Sie zu essen. Essen Sie langsam und überlegen Sie: Wie würde ich den Geschmack jemandem beschreiben, der noch nie in seinem Leben eine Orange gegessen hat?

Den «Sabbat» neu entdecken

Sobald Sie schon etwas Übung mit Zeitlöchern im Alltag haben, können Sie in einem nächsten Schritt ganze Sabbat-Tage planen. Nehmen Sie sich zum Beispiel vor, sich am nächsten Wochenende nichts vorzunehmen. Lassen Sie Ihre Zeit bewusst ungeplant auf sich zukommen. Sicher, das ist eine Herausforderung. Aber Sie werden viel über sich und Ihre Einstellung zur Muße erfahren. Die wichtigste Frage wird sein: Halten Sie es mit sich selbst aus oder nicht? Die Zeitforscherin Ilse Plattner meint: «Wenn wir arbeitsfreie Zeit nicht aushalten, halten wir die Konfrontation mit uns selbst nicht aus. Möglicherweise müssten wir uns selbst beziehungsweise unser Tun in Frage stellen, und deshalb flüchten wir weiter in die Zukunft hinein und immer weiter von uns weg.»

Wer sich keine Muße gönnt, dem ergeht es früher oder später wie dem Dichter Ödön von Horváth, der klagte: «Eigentlich bin ich ganz anders, ich komme nur so selten dazu.»

Nur Muße verhilft uns dazu, die Dinge (auch uns selbst) mit Abstand zu betrachten und möglicherweise notwendige Veränderungen einzuleiten, meint Zeitverzögerer Peter

Heintel: «Mit Muße meinten die alten Griechen, dass der Mensch grundsätzlich die Möglichkeit besitzt, zu sich selbst, zu anderen und auch zur Gesellschaft auf Distanz zu gehen. Also sich von dem Alltagsgeschehen nicht auffressen zu lassen. Bei den Griechen war Muße auch verbunden mit der Frage nach dem Guten und nach dem Sinn. Muße ist eine kritische Auseinandersetzung mit dem, was ist. Ich halte es für sehr wichtig, innezuhalten und sich zu fragen: ‹Will ich das, was ich tue?›»

Nur wenn wir uns regelmäßig Mußestunden gönnen, können wir erkennen, ob wir das Leben führen, das wir wirklich wollen, oder ob etwas schief läuft, ob wir unzufrieden sind. Muße verhilft uns aus der Stressfalle und gibt uns die Gelassenheit, die wir brauchen, um Leib und Seele möglichst unversehrt durch den Alltag zu bringen. Nur wenn wir müßig sind, können wir zu dem Menschen werden, der wir wirklich sind.

Tipp:
Wenn Sie auch eine «Zeitverzögerin» werden wollen. Hier die Adresse des Vereins: *Verein zur Verzögerung der Zeit, Sterneckstraße 15, A-9020 Klagenfurt, Tel.: 0043/463/27 00-8730, Fax: 0043/463/27 00-6199, Internet: www.zeitverein.com, E-mail:* zeitverein@uni-klu.ac.at

IV.

Du sollst Entscheidungsstress vermeiden

Was ziehe ich heute an? Will ich Tee oder Kaffee zum Früh-stück? Fahre ich mit dem Zug oder nehme ich das Auto? Wäscht Persil wirklich weißer als Ariel? Jeden Tag müssen wir eine Fülle an mehr oder weniger belanglosen Entschei-dungen treffen. Manchmal nervt das, ein größeres Problem sehen wir darin jedoch nicht: Entweder diktiert die Gewohnheit, wie wir entscheiden – schon immer trinke ich Kaffee zum Frühstück –, oder die Wahl ist nicht so wichtig, als dass wir lange über die Alternativen nachdenken müssten.

Naturgemäß weniger entspannt begegnen wir folgen-schwereren Entscheidungssituationen: Soll man einen si-cheren, aber langweiligen Arbeitsplatz aufgeben? Ist es klug, aus einer festgefahrenen Beziehung auszubrechen? Wie soll ich reagieren, wenn ich entdecke, dass mein Sohn Drogen nimmt? Mit Situationen wie diesen sind wir meist auf uns allein gestellt. Niemand kann uns bei grundlegenden Fragen die Entscheidung abnehmen oder wenigstens erleichtern. Auch die traditionellen Ratgeber früherer Zeiten – erfah-rene Familienmitglieder, Werte und Normen, kirchliche Traditionen – haben längst ihre wegweisende Funktion verloren. Natürlich können wir uns mit anderen austauschen, aber entscheiden müssen wir alleine. Manchmal würden wir angesichts dieser Bürde am liebsten eine Münze werfen und das Schicksal entscheiden lassen. Oder wir versuchen es mit der Strategie des deutschen Ex-Bundeskanzlers Kohl: Entscheidungen auszusitzen, bis sich die Sache erledigt oder bis jemand anders für uns entschieden hat. So oder so – keine gute Entscheidung. Denn wenn wir uns dafür entscheiden, keine Entscheidung zu treffen, setzen wir uns unter Druck und stellen möglicherweise die Weichen für unser zukünftiges Leben falsch. Wenn Sie zu den Menschen gehören, die in Entweder-oder-Situationen gerne den Kopf in den Sand stecken, setzen Sie sich unnötigem Stress aus, weil Sie die Kontrolle über Ihr Leben abgeben: Sie verlieben sich, weil ein anderer Sie liebt; Sie treten eine Stelle an, weil Sie Ihnen angeboten wird; Sie ziehen aufs Land, weil jemand anders das will. Diese Passivität hat einen scheinbaren Vorteil: Wenn etwas schief läuft, können Sie immer sagen: «Ich habe das so nicht gewollt. Es war nicht meine Entscheidung.» Davon abgesehen ist die Vogel-Strauß-Haltung bei Entscheidungen schädlich: Wenn Sie andere über Ihr Leben entscheiden lassen, laufen Sie Gefahr, bevormundet und manipuliert zu werden. Das Risiko, dass Ihr Leben nicht nach Ihren eigenen Vorstellungen abläuft, ist groß. Dass Sie dann unzufrieden und alles andere als gelassen sind, liegt auf der Hand.

Wollen Sie eine gelassene Lebenskünstlerin werden, dann sollten Sie auch Ihren Entscheidungsstil überprüfen: Wie verhalten Sie sich in Entscheidungssituationen? Wissen Sie immer, was richtig und was falsch für Sie ist? Treffen Sie wenig falsche, aber meist kluge Entscheidungen? Oder wird Ihre Gelassenheit immer wieder erschüttert, weil Sie irgendwann feststellen müssen: «Ich habe mich falsch entschieden!»?

Wie können wir heute angesichts der Fülle an Herausforderungen lebenskluge Entscheidungen treffen, wie in einer immer unübersichtlicher und komplexer werdenden Zeit den für uns richtigen Weg finden? Gibt es eine Möglichkeit, den Stress der Ungewissheit zu mindern oder gar zu vermeiden? Können wir lernen, dem Entscheidungsdruck, dem wir permanent ausgesetzt sind, mit Gelassenheit zu begegnen?

Entscheidungen, so haben es die meisten von uns gelernt, werden am besten mit einem kühlen Kopf und klarem Verstand getroffen, der ganz rational und emotionslos Kosten gegen Nutzen abwägt.

Der kühle Kopf analysiert die Situation und denkt wie ein exzellenter Schachspieler immer ein paar Züge voraus:

- Wie genau lautet das Problem, für das eine Entscheidung ansteht?
- Welches Ziel möchte ich erreichen?
- Welche positiven und welche negativen Konsequenzen hat eine bestimmte Entscheidung?
- Sind andere Menschen davon betroffen?
- Welche Alternativen gibt es?

Nach der Theorie sammelt der Verstand so viele Informationen, wie er nur bekommen kann, und weiß dann irgendwann, was richtig und was falsch ist. Doch da beginnt das Problem: Wann wissen wir, ob wir ausreichend Informationen gesammelt haben? Gibt es einen Zeitpunkt, an dem wir guten Gewissens die Suche einstellen können? Können wir jemals genügend Informationen bekommen? Wohl kaum. Wenn wir alles zu einem bestimmten Problem erfahren wollten, dann würde das nicht nur ungebührlich viel Zeit in Anspruch nehmen, es würde auch die Entscheidung nicht unbedingt erleichtern. Zu viel über etwas zu wissen, kann verunsichern und lähmen.

«Wenn wir wirklich warten würden, bis wir alle Fakten gesammelt haben, dann würden wir wahrscheinlich niemals eine Entscheidung treffen», bestätigt der amerikanische Autor Milton Fisher. «Tatsächlich ist das rationale Abwägen von Pro und Contra nur in der Theorie richtig. In der Praxis fällen wir Entscheidungen aufgrund einiger weniger Fakten, weil wir gar nicht alle bekommen können.»

Aus der Tatsache, dass wir oft in Sekundenschnelle kluge Entscheidungen treffen, können wir schlussfolgern: Auf den Verstand alleine sollten wir uns nicht verlassen, wenn es darum geht, gelassen eine gute Entscheidung zu treffen. Was wir unbedingt noch zu Rate ziehen sollten, zeigt der amerikanische Neuropsychologe Antonio R. Damasio am Beispiel eines seiner Patienten:

Elliot war ein gutartiger Hirntumor im vorderen Großhirn entfernt worden. Mit Erfolg: Nach der Operation erholte sich Elliot gut, seine intellektuellen Fähigkeiten waren unbeeinträchtigt, er konnte auch seine Arbeit wieder aufnehmen. Doch Elliot war nicht mehr derselbe. Er verlor Ziele aus den Augen, und er konnte keine sinnvollen Entscheidungen mehr treffen. Ein geistig und körperlich völlig gesunder Mann war nicht mehr in der Lage vernünftig zu handeln. Nach langen Untersuchungsreihen fand der Neurologe Damasio die Ursache: Schäden in der rechten Hirnhälfte, die Elliot völlig emotionslos machten. Ohne Emotion aber war ihm keine rationale, vernünftige Entscheidung mehr möglich. Ein Mangel an Gefühlen kann zu irrationalem Verhalten, zu falschen Reaktionen und unsinnigen Entscheidungen führen, schlussfolgert Damasio aus seinen Forschungsergebnissen. Ohne Gefühle können wir nicht wissen, was richtig oder was falsch ist. Ohne Gefühl fehlt uns die Orientierung. «Gefühl und Empfindung nebst den verborgenen physiologischen Mechanismen, die ihnen zugrunde liegen, helfen uns bei der einschüchternden Aufgabe, eine ungewisse Zukunft vorherzusagen und unser Handeln entsprechend zu planen», erklärt der Neuropsychologe.

Aus dieser Erkenntnis lässt sich ableiten: Wir brauchen nicht nur die Arbeitsleistung unseres Verstandes, wenn wir eine Entscheidung treffen müssen. Wir sollten auch auf unser Gefühl hören, es befragen und seine Signale entschlüsseln. Antonio R. Damasio spricht von so genannten «somatischen Markern», die immer dann auftauchen, wenn es um richtig oder falsch, gut oder böse geht. Somatische Marker lenken unsere Aufmerksamkeit darauf, ob sich eine ins Auge gefasste Lösung wirklich «gut anfühlt». Verspüren wir beispielsweise bei der Vorstellung, den Partner zu verlassen, ein unangenehmes Gefühl in der Bauchgegend, dann signalisiert dieser «Marker»: Vorsicht, diese Entscheidung könnte falsch sein.

Mit Damasios Forschungsergebnissen kommt ein Phänomen, das bislang von vielen als «irrational» verspottet wurde, zu späten wissenschaftlichen Ehren: die Intuition. Intuitiv zu handeln, das ist in unserer kopflastigen Zeit eine gering geschätzte Eigenschaft, die höchstens Frauen zugestanden wird. «Ehemänner spotten über die ‹weibliche Intuition› ihrer Frauen und nehmen sie keineswegs ernst», kritisiert der Autor Gavin de Becker. Dabei ist die Intuition keineswegs auf das weibliche Geschlecht beschränkt. Wohl jeder kennt intuitive Erfahrungen: «Ich wusste, dass du das sein wirst am Telefon», «Irgendwie spürte ich, dass ich das nicht hätte tun sollen», «Ich hatte gleich so ein Gefühl, dass diesem Menschen nicht zu trauen ist.» Aussagen wie diese weisen darauf hin, dass wir ein Signal verspürten, es aber nicht respektiert haben.

Diese Ignoranz hat häufig falsche Entscheidungen zur Folge und kann sogar unser Leben bedrohen, wie Gavin de Becker ausführt: Menschen, die verlernt haben, auf ihr Gefühl zu hören, werden leichter Opfer von Verbrechen. «Ich habe viel über Sicherheit gelernt, indem ich über viele Jahre hinweg diejenigen, die Gewalt ausgesetzt waren, fragte ‹Hätten Sie das vorhersehen können?›. Meistens erwiderten sie: ‹Nein, es geschah ganz plötzlich›, doch wenn ich dann schweige und einen Moment warte, fügen sie meist folgende Aussagen hinzu: ‹Als ich den Typ zum ersten Mal getroffen habe, hatte ich ein ungutes Gefühl . . .› oder ‹Wenn ich genau zurückdenke, dann war ich schon misstrauisch, als er auf mich zukam› oder ‹Jetzt ist mir bewusst, dass ich das Auto an diesem Tag schon einmal gesehen hatte›. Wenn man sich dessen jetzt bewusst ist, heißt das natürlich, dass man es damals auch schon gewusst hat», erklärt de Becker. Denn: Jedem Gedanken geht eine Wahrnehmung voraus.

Und daraus folgt: Intuition hat nichts mit dem sechsten Sinn oder mit übersinnlichen Fähigkeiten zu tun. Intuition bedeutet vielmehr: Wir wissen etwas, ohne zu wissen, warum wir es wissen. Eine intuitive Eingebung kommt niemals «aus heiterem Himmel» und sie ist alles andere als ein «Wunder». «Wenn wir eine Intuition haben, dann handelt es sich um eine Information, die wir irgendwann über unsere fünf Sinne wahrgenommen und gespeichert haben», erklärt Intuitionsexperte Milton Fisher. Manchmal dringt aus diesem Wissenschatz ein kleiner «Fetzen» ins Bewusstsein – wir haben eine Intuition.

Gavin de Becker verdeutlicht an einem Beispiel, dass intuitive Eingebungen kein Hexenwerk sind. Es ist wohl schon jedem einmal passiert, dass er an einen bestimmten Menschen denkt – und prompt ruft dieser an. Solches war auch einer Frau passiert: Das Telefon klingelte und sie wusste, schon bevor sie den Hörer abnahm, es ist ihre Studienfreundin. Gavin de Beckers Erklärung: «In diesem Fall hatte die Freundin an sie gedacht, nachdem sie Berichte über die Explosion des Space-Shuttles gesehen hatte. Ist es ein Wunder, dass beide Frauen gleichzeitig mit Milliarden anderen dieselben Nachrichten verfolgten? Ist es ein Wunder, dass ihnen im Zusammenhang mit der Weltraumfahrt als Erstes ihre wütende Überzeugung aus Collegezeiten einfiel, nämlich dass es nie weibliche Astronauten geben würde? Und eine Astronautin war bei der Explosion an diesem Morgen umgekommen, und so hatten die beiden Frauen aneinander gedacht, auch wenn inzwischen zehn Jahre vergangen waren.»

Intuitionen sind also keineswegs unerklärlich.

Durch die Überbetonung der Rationalität sind vielen Menschen ihre intuitiven Fähigkeiten abhanden gekommen. Sie überhören die Signale der Intuition, verstehen ihre Sprache oft nicht. Doch schon mit ein wenig Übung kann diese Sprache wieder erlernt werden, macht Milton Fisher Mut. Das Schlüsselwort zum geheimen Schatz unseres intuitiven Wissens heißt «Warum?». Wann immer wir etwas spüren, das wir nicht zuordnen können, sollten wir innehalten und uns die Warum-Frage stellen. Wenn uns jemand direkt bedroht, wissen wir, warum wir Angst verspüren. Wenn uns aber bei einer freundlichen, zuvorkommenden Person ein ungutes Gefühl beschleicht, kann uns die Warum-Frage unter Umständen vor falschen Schritten bewahren. Oder sogar unser Leben retten, wie Sicherheitsexperte Gavin de Becker aus Erfahrung weiß: «Jedes Gefühl hat eine

Ursache. Wenn Sie Gefühle haben, für die Sie keinen offensichtlichen Grund finden, könnte es sich um eine intuitive Botschaft handeln.»

Sind nun jene Entscheidungen, die wir «aus dem Bauch heraus» treffen, die besten? Sollen wir mehr auf unsere Gefühle hören statt auf den Verstand? Dies wäre eine falsche Schlussfolgerung. Intuitive Botschaften oder somatische Marker «dürften für normale menschliche Entscheidungsprozesse nicht ausreichen», warnt Antonio R. Damasio. Seiner Meinung nach erleichtern und verbessern Gefühle unsere Entscheidungen, aber sie nehmen uns das Denken nicht ab. «Sie helfen uns beim Denken, indem sie einige (gefährliche oder günstige) Wahlmöglichkeiten ins rechte Licht rücken.» Zwischen Verstand und Intuition, zwischen Bauchgefühl und rationalem Abwägen «besteht eine enge Partnerschaft», so Damasio.

Um kluge Entscheidungen treffen zu können, brauchen wir also beides: einen kühlen Kopf und ein warmes Herz. Der kühle Kopf informiert sich über Alternativen («Gibt es einen Arbeitsplatz, an dem ich mich wohler fühlen würde?»), holt die zur Verfügung stehenden Informationen ein («Wo sind Stellen frei? Welche Firmen kommen in Frage? Wie sieht der Arbeitsmarkt in einer anderen Stadt aus?»), befragt andere Menschen nach ihren Erfahrungen («Wie schaffst du es, Kind und Beruf zu vereinbaren?»). Haben Sie diese Informationen vorliegen, sollten Sie sie auf Herz und Nieren prüfen:

- Listen Sie die Vor- und Nachteile der Entscheidung auf, fragen Sie sich, wie hoch die Kosten wären, wenn sich die Entscheidung als falsch herausstellt.
- Prüfen Sie, ob Sie Ihre Entscheidung einem anderen Menschen unmissverständlich erklären können.
- Fragen Sie sich, ob Sie einer Freundin zu diesem Schritt raten würden.
- Klären Sie, ob die Entscheidung Sie mit anderen Menschen in Kontakt bringt oder Sie eher isoliert. Vorsicht, wenn Letzteres der Fall ist.

Über all das verstandesmäßige Prüfen dürfen Sie den zweiten wichtigen Faktor für kluge Entscheidungen nicht vergessen: das warme Herz, die Intuition. Das warme Herz hört auf die mit der Entscheidung verbundenen Gefühle: Was bewirkt der geplante Schritt: Macht er Sie ruhig oder nervös, löst er ein diffuses Unbehagen oder gar Angst aus? «Die eigenen Gefühle sind ein persönlicher Führer, eine Art innerer Mentor, der seine eigene Weisheit besitzt», meint der Psychologe Spencer Johnson. Löst eine geplante Entscheidung eher unangenehme Gefühle aus, ist mit hoher Wahrscheinlichkeit etwas nicht in Ordnung damit.

Wenn Sie vor einer wichtigen Entscheidung stehen und nicht wissen, was Sie wirklich fühlen oder ob Sie Ihren Gefühlen trauen sollen, dann kann folgende Übung hilfreich sein:

- Legen Sie sich bequem hin und entspannen Sie sich.

- Schließen Sie die Augen und stellen Sie sich vor, Sie hätten die anstehende Entscheidung bereits getroffen. Beispiel: Sie sind mit dem Mann, von dem sie nicht wissen, ob Sie ihn heiraten wollen, seit einem Jahr verheiratet. Mit Hilfe der Informationen, die der kühle Kopf bereits über die Vor- und Nachteile einer Ehe und den Charakter des «Bewerbers» gesammelt hat, malen Sie sich aus, wie Ihr Alltag an der Seite dieses Mannes aussehen würde. Unterstützt er Sie in Ihren Plänen? Wäre er ein Partner oder eher ein Patriarch? Können Sie sich vorstellen, dass er seine Hemden selbst bügelt? Wird er Ihre Freunde mögen? Gehen Sie in der Fantasie systematisch alle Situationen durch, die Ihnen in den Sinn kommen. Seien Sie dabei ehrlich zu sich selbst. Machen Sie sich keine Illusionen. Welche Gefühle tauchen auf, wenn Sie sich in der neuen Rolle als Ehefrau sehen? Freuen Sie sich uneingeschränkt auf das gemeinsame Leben? Oder mischen sich in die Freude auch Zweifel?
- Öffnen Sie dann die Augen und kehren Sie in die Realität zurück. Ziehen Sie Bilanz: Welche Gefühle klingen nach? Welche behalten die Oberhand? Haben Sie sich in der vorgestellten Rolle wohl gefühlt?
- Wenn Sie noch Zweifel haben, schließen Sie noch einmal die Augen. Überlegen Sie sich jetzt eine Alternative: Gibt es einen anderen Heiratskandidaten, wie sähe Ihr Leben als Single aus? Wie fühlt es sich an, wenn Sie sich eine Ehe ohne Trauschein vorstellen?

Diese Fantasiereise können Sie für alle anstehenden Entscheidungen nutzen. Auf diese Weise können Sie mögliche Probleme vorwegnehmen und sich darüber klar werden, was Sie wirklich wollen. Entscheidungssituationen verlieren so ihren «Stachel». Wenn Sie lernen, mit kühlem Kopf und warmem Herzen zwischen zwei Alternativen abzuwägen, gewinnen Sie die nötige Gelassenheit, die Sie brauchen, um den zahlreichen Wahlmöglichkeiten unserer Zeit nicht hilflos ausgesetzt zu sein.

Und noch ein Tipp, wie Sie Entscheidungsdruck verringern können: Wann immer eine wichtige Entscheidung ansteht, stellen Sie sich vor, Sie seien bereits 70 Jahre alt. Fragen Sie diese alte Lady nach ihrer Meinung: Hält sie Ihre Entscheidung für tragfähig? Wäre sie immer noch mit dem Mann verheiratet, von dem Sie nicht wissen, ob er der Richtige ist? Würde sie es billigen, wenn Sie in einem ungeliebten Job versauern? Die 70-Jährige, die Sie irgendwann einmal sein werden, betrachtet wohlwollend und mit der Gelassenheit des Alters Ihr Treiben. Ihr Urteil kann Sie vor Fehlentscheidungen bewahren und Ihnen helfen, in Entscheidungssituationen die Gelassenheit in Person zu bleiben.

V.

Du sollst auf deine innere Stärke vertrauen

Eine Liebe endet, ein nahe stehender Mensch stirbt, der Arbeitsplatz geht verloren, eine Krankheit reißt einen aus dem Alltag, das Kind hat Schulprobleme, der Partner ist untreu, ein Umzug muss bewältigt werden ... Jeder Mensch hofft, von Problemen und Schicksalsschlägen dieser Art verschont zu bleiben. Doch meist ist diese Hoffnung irreal: Das Leben hält immer wieder Herausforderungen für uns bereit. Herausforderungen, die manchmal so riesig und unangenehm sind, dass wir glauben, sie niemals bewältigen zu können. In dem Maße, wie Angstgefühle in uns hochkriechen, sinkt das Selbstvertrauen in die eigenen Fähigkeiten. Wie das panische Kaninchen auf die bedrohliche Schlange, starren wir dann auf das konflikthafte Geschehen und fühlen uns vollkommen handlungsunfähig.

Gerade in Krisenzeiten aber ist es notwendig, die Ruhe zu bewahren und sich der Prüfung möglichst gelassen zu stellen. Auf den ersten Blick mag das eine unangemessene, ja zynische Forderung sein: Wie soll man gelassen bleiben angesichts schlimmer Ereignisse? Wie soll man schmerzhafte Verluste gelassen verkraften?

Und doch gibt es Menschen, die angesichts einer Lebenskrise nicht verzweifeln und sich selbst durch eine noch so ausweglos erscheinende Situation nicht auf Dauer entmutigen lassen. Ja, sie scheinen sogar an der Herausforderung zu wachsen. Sie sind wie ein Baum, dem es gelingt, sich verändernden Umweltverhältnissen optimal anzupassen. So produziert ein Baum an einer Stelle, die besonderen Spannungen ausgesetzt ist, weiteres Holz nach, um diese Spannungen auszugleichen. Jeder Ast wird so konstruiert, dass die enorme Pflanzenmasse, die daran hängt, ihn nicht zum Brechen bringt. Wird die Last zu groß, bildet der Baum neues Holz nach, der Ast wird dicker.

Ein prominentes Beispiel dafür, dass auch Menschen unter starker Belastung stärker werden können, ist der Schauspieler Christopher Reeve. Der athletische Superman-Darsteller ist seit einem Reitunfall vom Kopf ab gelähmt. Ein Mann, der es gewohnt war, die meisten seiner gefährlichen Stunts persönlich zu übernehmen, war von einem Tag auf den anderen an den Rollstuhl gefesselt. Jeder hätte verstanden, wenn er sich aus der Öffentlichkeit zurückgezogen und verbittert und depressiv geworden wäre. Doch Reeve trat bei der Oscar-Verleihung 1998 auf und engagiert sich für seine Schicksalsgenossen. Den Glauben an eine Verbesserung seiner Situation gibt er bis heute nicht auf.

Es gibt viele solcher Helden und Heldinnen: Sie durchleben Trennungen – und zerbrechen nicht daran. Sie begleiten einen geliebten Menschen im Sterbeprozess – und verzweifeln nicht. Sie verlieren ihren Arbeitsplatz – aber nicht ihren Mut. Sie werden misshandelt – und fühlen sich dennoch nicht als Opfer. Warum werden diese Menschen mit den Widrigkeiten des Lebens besser fertig als andere? Welche Eigenschaften sind es, die es ihnen ermöglichen, eine Krise nicht nur zu überstehen, sondern sogar an ihr zu wachsen? Psychologen haben sich diese Fragen gestellt und herausgefunden, was Menschen brauchen, um sich in Krisenzeiten nicht unterkriegen zu lassen: Widerstandskraft (die Psychologie spricht von Resilienz). Sie brauchen psychische Gelassenheit, um angesichts der Barrieren, die sich immer wieder in den Weg stellen, nicht ins Stolpern zu geraten.

Manche Menschen werden mit dieser Widerstandskraft geboren oder haben das Glück, als Kind in einer Umgebung aufzuwachsen, die diese Eigenschaft fördert. Doch auch im späteren Leben können wir diese Fähigkeit noch erwerben. Wie? Indem wir uns zum Beispiel damit beschäftigen, wie sich gelassene Menschen in einer Lebenskrise verhalten. Der amerikanische Familientherapeut H. Norman Wright vergleicht einen Menschen, der in Lebenskrisen gelassen bleibt, mit einem Boxer, der im Ringkampf zu Boden geht, ausgezählt wird, aufsteht und danach sein Verhalten grundlegend ändert. Nicht widerstandsfähige Personen kehren dagegen in den Ring zurück und lassen sich erneut niederschlagen. Sie machen, so Wright, zwei grundlegende Fehler:

Sie *verfluchen* die Krise. Und machen die ganze Angelegenheit durch ihre Abwehr noch schlimmer. Und sie *nähren* die Krise. Ihre ganze Aufmerksamkeit widmen sie dem Problem und seiner Entstehung, über die Frage, wie es gelöst werden könnte, denken sie nicht nach.

Gelassen-resiliente Menschen gehen dagegen mit ihren Niederlagen, Schicksalsschlägen und Krisenfällen anders um:

Gelassene Menschen akzeptieren die Krise und die damit verbundenen Gefühle

Wenn das Schicksal mit voller Wucht zuschlägt, ist es nur natürlich, wenn wir im ersten Schock die Augen schließen und wie ein Kleinkind hoffen: Wenn ich die Augen wieder aufmache, ist der ganze Spuk verschwunden und alles so, wie es vorher war. Wir wollen nicht wahrhaben, dass der Boden, den wir für so stabil gehalten hatten, sich in einen glitschigen, instabilen Sumpf verwandelt hat.

In dieser Phase, zu Beginn einer akuten Krise, ist die Gefahr groß, dass wir aus Angst vor dem Schmerz vor der Situation davonlaufen. Nicht gelassene Menschen tun dann häufig so, als sei nichts geschehen. Sie gehen so schnell wie nur irgend möglich zur Tagesordnung über und verfallen in hektische Aktivität.

Gelassene Menschen dagegen nehmen sich Zeit. Sie wissen: Weglaufen hilft nicht. Und sie wissen auch: Im Moment können sie keinen klaren Gedanken fassen, geschweige denn eine Entscheidung fällen. Die Zeit wird kommen, dann werden sie wissen, was zu tun ist. Bis es so weit ist, suchen sie sich einen Ort, an dem sie sich wohl fühlen – das kann das Bett sein, ein entlegenes Hotel, das ehemalige Kinderzimmer im Elternhaus oder ein bestimmter Platz in der Natur –, und lassen dort ihren Gefühlen freien

Lauf. Gelassene Menschen schämen sich nicht ihrer Tränen, ihrer Wut, ihrer Ängste. Nicht gelassene Menschen dagegen reißen sich zusammen, sie frieren ihre Gefühle ein. Ein gefährlicher Entschluss, wie ein Sinnbild verdeutlicht: Wasser, das in Leitungen gefriert, dehnt sich aus und bringt die Leitungen zum Platzen. Ebenso verhält es sich mit eingefrorenen Gefühlen. Auch sie können sich ausdehnen und dann den Menschen zum «Explodieren» bringen: Alkoholexzesse, Depressionen, Selbstmordgedanken können die langfristige Folge von eingefrorenen Gefühlen sein.

Gelassene Menschen suchen nach Lösungen
Es gibt grundsätzlich zwei Möglichkeiten, auf Krisen zu reagieren. Man kann klagen: «Warum passiert gerade mir das? Womit habe ich das verdient? Wie konnte das geschehen? Es ist so schrecklich, das überstehe ich nicht!» Man kann aber auch sagen: «Ich habe nicht erwartet, dass mir so etwas Schreckliches widerfährt. Aber nun ist es geschehen, es liegt nicht in meiner Macht, es ungeschehen zu machen. Vor mir liegt eine äußerst schwierige und schmerzhafte Zeit – was kann ich tun, damit es mir gelingt, sie zu meistern?»

Gelassene Menschen, so zeigt die Forschung, wählen die zweite Möglichkeit. Sie grübeln nicht unentwegt über ein Problem nach, sondern sind sogar im tiefsten Schmerz in der Lage, nach Lösungsmöglichkeiten zu suchen. Wir können nicht beeinflussen, was mit uns geschieht, aber wir können uns entscheiden, welche Folgen das Geschehene für uns hat.

Gelassene Menschen lösen ihre Probleme nicht allein

Ein ganz wichtiges Merkmal der Resilienz ist es, dass krisengebeutelte Menschen bereit sind, mit anderen über ihre Sorgen zu sprechen. Sie versuchen es erst gar nicht, ihre Schwierigkeiten im Alleingang zu lösen. Wie psychologische Studien übereinstimmend belegen, wird mit Schicksalsschlägen besser fertig, wer ein stabiles Familiensystem oder ein festes soziales Netz an Freunden besitzt. Das gilt für Kinder wie für Erwachsene. Dabei achten Gelassene darauf, dass sie sich in ihrer Not an die richtigen Personen wenden. Sie suchen sich Menschen, die sich nicht von ihren Gefühlen verunsichern lassen, die einfühlend und unterstützend sind, die ihnen Mut machen und sie an ihre Stärken erinnern. Sie meiden Menschen, die nur Sprüche klopfen à la «Die Zeit heilt alle Wunden», «Du musst stark sein, schon wegen der Kinder», «Es lohnt nicht, über verschüttete Milch zu weinen», «Anderen geht es noch schlechter als dir», «Das Leben geht weiter» oder «Wenn ich irgendetwas für dich tun kann, ruf mich an».

Gelassene Menschen fühlen sich nicht als Opfer

Menschen, die mitten in einer Krise stecken, machen die Situation oft durch ihre Einstellung noch schlimmer, als sie ohnehin schon ist. Sie haben jegliche Hoffnung auf Änderung verloren, sehen nur noch alles grau in grau und fühlen sich als Opfer der Situation. Häufig benutzen sie Formulierungen wie «Ich kann nicht», «Niemals mehr werde ich glücklich sein», «Warum nur ist das Leben so ungerecht zu mir?», «Ich weiß nicht, was ich tun soll».

Auch gelassene Menschen sind nicht gegen das Opfergefühl gefeit. Doch nach einer gewissen Zeit gelingt es ihnen, anders über ihre Situation zu denken. Statt «Ich kann nicht» zu sagen und damit dem Gefühl Ausdruck zu verleihen, völlig die Kontrolle über das Geschehen verloren zu haben, sagen sie «Ich will es versuchen . . .». Statt «Das ist ein unüberwindbares Problem» sagen sie «Das ist eine Herausforderung, eine Chance, Neues zu lernen».

Gelassene Menschen haben einen gesunden Optimismus
Eine optimistische Lebenseinstellung ist das wohl wichtigste Merkmal der Gelassen-Widerstandsfähigen. Ohne die feste Überzeugung, dass irgendwann, früher oder später, sich die Dinge wieder zum Positiven wenden werden, ist Widerstandsfähigkeit nicht denkbar. Dieser gesunde Optimismus darf nicht mit positivem Denken verwechselt werden. Positives Denken verleugnet die Realität, will die negativen Ereignisse schönreden. Optimistisches Denken dagegen ist kein Wunschdenken, es erkennt die Realität an, geht aber davon aus, dass negative Ereignisse, gleich welcher Art, eine befristete Angelegenheit sind und es auch wieder bessere Zeiten geben wird. Wenn gelassene, optimistisch denkende Menschen beispielsweise aus beruflichen Gründen ihren vertrauten Freundeskreis verlassen und in einer völlig fremden Stadt neu anfangen müssen, dann fällt es ihnen anfangs vielleicht schwer, Anschluss zu finden. Doch sie denken dann nicht: «Nie wieder werde ich gute Freunde finden», sondern sie bleiben gelassen: «Es wird wohl länger dauern,

bis ich Anschluss gefunden habe. Aber irgendwann werde ich Leute finden, die zu mir passen.»

Ein weiteres Merkmal optimistisch denkender Menschen: Sie verallgemeinern nicht. Wenn sie eine Niederlage einstecken müssen, dann denken sie nicht «Ich tauge nichts», sondern «Diesmal hatte ich keinen Erfolg, das nächste Mal wird es wieder klappen». Wenn eine Liebesbeziehung zu Ende geht, dann trauern sie um diesen Menschen, aber sie denken nicht, dass sie grundsätzlich nicht liebenswert sind. Auch Menschen, die keine «geborenen» Optimisten sind, können lernen, ihren Denkstil zu verändern und gelassener auf Ereignisse zu reagieren.

Gelassene Menschen geben sich nicht automatisch und ausschließlich selbst die Schuld

Am Beginn einer Krise sind Schuldgefühle fast unvermeidlich. Die Betroffenen quälen sich mit Selbstvorwürfen. «Hätte ich nur nicht so viel gearbeitet, dann wäre sie heute noch bei mir.» «Wenn ich ihm nur nicht erlaubt hätte, Motorrad zu fahren . . .», «Wäre ich nur aufmerksamer gewesen . . .» Gelassene Menschen unterscheiden sich jedoch von anderen dadurch, dass sie ziemlich bald diese Selbstanklagen beenden und ihren eigenen Anteil an der Krise realistisch einschätzen. Sie erklären sich das Geschehen nicht mehr ausschließlich internal («Ich bin schuld»), sondern erkennen auch, was andere, die Umstände dazu beigetragen haben (external). Je mehr es gelingt, externe Faktoren als (mit)verantwortlich zu sehen, desto geschützter ist das eigene Selbstwertgefühl, desto größer die Chance, über einen Schicksalsschlag schneller hinwegzukommen. Der Münchner Psychologieprofessor Dieter Frey konnte dies in Studien mit Unfallopfern belegen: Wer sich selbst die Schuld am Unfall gab, erholte sich von seinen Verletzungen sehr viel langsamer als Patienten, die andere Verkehrsteilnehmer oder andere externe Faktoren für das Unglück verantwortlich machen konnten.

Gelassene Menschen planen voraus

Gelassenheit und Widerstandsfähigkeit brauchen wir nicht nur, wenn kritische Lebensereignisse uns auf eine schwere Probe stellen. Wir brauchen sie auch dringend, um mit den ganz normalen Wechselfällen des Lebens fertig zu werden.

Rechnen Sie damit, dass Ihr Arbeitsplatz irgendwann gefährdet sein könnte? Halten Sie es für möglich, dass Ihre Beziehung scheitert? Was ist, wenn der Vermieter Ihnen wegen Eigenbedarf kündigt? Sind Sie auf das Älterwerden vorbereitet? Menschen mit gelassener Widerstandsfähigkeit halten nichts in ihrem Leben für selbstverständlich. Das heißt nicht, dass sie ständig mit Katastrophen rechnen und nicht mehr ruhig schlafen können. Ganz im Gegenteil: Gerade weil sie auf Veränderungen vorbereitet sind, reagieren sie gelassener, wenn sie damit konfrontiert werden. Sie sind auf die vorhersehbaren Krisen im Leben vorbereitet, zu denen vor allem bestimmte Zäsuren und Übergangsphasen gehören: Heirat, die Geburt eines Kindes, der Tod der eigenen Eltern, Berufswechsel, Scheidung, Älterwerden. Vorausplanendes Krisenmanagement, das Gedankenspiel «Was wäre, wenn . . .», bereitet uns auf mögliche Probleme vor. Wir können uns auf diese Weise vor «bösen» Überraschungen schützen und bereits im Vorfeld mögliche Gegenstrategien vorbereiten – und eventuell so mancher Krise ihre Spitze nehmen. So müsste beispielsweise so manche Ehe nicht vor dem Scheidungsrichter enden, wenn sich die Paare mit den Problemen und Herausforderungen beschäftigen würden, die im Laufe des Zusammenlebens auftreten können. Auch Paare, die sich ein Kind wünschen, können sich auf die Prüfungen der Elternschaft vorbereiten. Und wer sich mit den Facetten des Älterwerdens auseinander setzt, bewältigt die damit verbundenen Veränderungen besser.

Natürlich können wir uns nicht auf jede Lebenskrise gedanklich vorbereiten. Manchmal werden wir von den Ereignissen «kalt erwischt», Veränderungen brechen orkanartig über uns herein und im ersten Moment glauben wir, dass wir den damit verbundenen Ängsten, dem Kummer und der Verzweiflung nicht gewachsen sind. In solchen Momenten kann die Erinnerung an die eigenen inneren Stärken und die Kraft, die in der Gelassenheit steckt, Mut machen. Wegzaubern lassen sich die Probleme damit nicht. Aber wenn wir versuchen, selbst im größten Sturm gelassen unsere Möglichkeiten und Strategien abzuwägen, dann sorgen wir dafür, dass *wir* die Probleme und nicht sie uns unter Kontrolle bekommen.

VI.

Du sollst dich selbst kontrollieren

Wenn uns Gelassenheit fehlt, dann sind wir nicht selten selbst daran schuld. Oft manövrieren wir uns ganz ohne Not in Situationen, die uns nicht gut tun und uns aus der Ruhe bringen – wenn nicht sofort, dann später. Ein paar Beispiele:

- Wir rauchen, obwohl wir wissen, dass wir damit langfristig unsere Gesundheit aufs Spiel setzen.
- Wir essen zu oft, zu viel, zu fett – und das, obwohl wir eigentlich abnehmen oder unser Gewicht halten wollen.
- Wir bezahlen mit unserem «guten Namen», ohne daran zu denken, dass das Konto längst leer geräumt ist.
- Wir tanzen auf einer Party bis spät in die Nacht, obwohl wir wissen: Am nächsten Tag brauchen wir für ein wichtiges Projekt einen klaren Kopf.

Diesen und ähnlichen Situationen ist eines gemeinsam: Sie liefern uns sofortigen Genuss – und spätere Reue. Sie führen uns vor Augen, dass wir manchmal willensschwach sind und ungeduldig und unvernünftig. Wie Kinder wollen wir Spaß sofort, ohne an die langfristigen Kosten zu denken, die damit verbunden sind. Ohne uns dessen bewusst zu sein, leben wir nach dem Motto «Lieber den Spatz in der Hand als die Taube auf dem Dach». Statt uns zum eigenen Wohle selbst zu kontrollieren, verlieren wir kurzfristig immer wieder unsere eigentlichen Ziele aus dem Auge und leben spontan und ohne Rücksicht auf Verluste im «Hier und Jetzt».

Dagegen ist so lange nichts einzuwenden, solange wir genießen können ohne spätere Reue. Wenn wir jedoch nach dem Kontrollverlust unsere Impulsivität verfluchen, wenn wir uns selbst anklagen ob unserer mangelnden Disziplin, dann bringen wir uns selbst um Gelassenheit und Ausgeglichenheit. Eigentlich wollten wir uns Gutes tun, doch stattdessen fühlen wir uns schlecht, weil wir mal wieder die Kontrolle verloren haben – über unser Geld, unser Körpergewicht, unsere Gefühle, unser Trink- und Essverhalten, unsere sexuellen Wünsche. Wir klagen uns an: «Hätte ich nur das zweite Stück Torte nicht gegessen!», «Hätte ich nur meinen Mund gehalten!», «Hätte ich nur lieber für die Prüfung gelernt als übers Wochenende aufs Land zu fahren!»

Wer sich mit Selbstvorwürfen quält, ist alles andere als ein gelassener Mensch, der mit sich und seiner Umwelt im Reinen ist.

Die amerikanischen Sozialpsychologen Daniel M. Wegner und James W. Pennebaker sind überrascht, wie verzweifelt die Menschen, die in einer «Ära der Selbstverbesserung und des Gesundheitsbewusstseins» leben, um Selbstkontrolle ringen – und scheitern: «Betrachten wir nur die Bestrebungen der modernen Gesellschaft, den Genuss von

Tabak, Alkohol, Drogen einzuschränken und Phänomene wie Aggression, gefährliche sexuelle Praktiken, ungesunden Diätwahn und andere unerwünschte Verhaltensweisen unter Kontrolle zu bekommen.» Die Empfehlung «Sag einfach nein» halten die beiden Psychologen für wenig hilfreich. «In den meisten Fällen sagen wir tatsächlich nein, aber unsere Gedanken und unser Verhalten antworten dann darauf: Nun, vielleicht dieses eine Mal noch.» Dummerweise gibt es eine Kluft zwischen unserem Denken und unserem Handeln. Wie heißt es doch ganz richtig: «Der Geist ist willig, das Fleisch ist schwach.» Zu stark sind die Reize, die auf uns einwirken, als dass wir allein mit dem Willen erfolgreich dagegen ankämpfen könnten. Um den vielfältigen Verlockungen gelassen standhalten zu können, braucht es mehr:

1. Setzen Sie sich starke persönliche Ziele
Wenn für Sie beispielsweise ein schlanker, gesunder Körper wirklich wichtig ist, dann ist es notwendig, dass Sie dieses Ziel fest «verankern». Studien mit Personen, die ihr Wunschgewicht erreicht haben und es auf Dauer halten konnten, zeigen: Diese Menschen haben nicht eine Crashdiät nach der anderen gemacht, sondern sie haben zielbewusst und konsequent ihr Ernährungsverhalten und ihren Lebensstil verändert. Die Veränderung des Essverhaltens ist eine lebenslange Verpflichtung, den Bedürfnissen von Körper und Psyche gegenüber aufmerksam zu sein. Dass dies nichts mit Entsagung, Entbehrung und Kasteiung zu tun hat, kommt in der Aussage einer Teilnehmerin einer

Diätstudie zum Ausdruck. Sie meinte: «Es begann als Diät und wurde zum Hobby. Nun ist es mein Lebensstil.» Wenn man etwas wirklich will und für richtig hält, dann fällt es gar nicht so schwer, dieses Ziel ins Leben zu integrieren und sich nicht vom eingeschlagenen Weg abbringen zu lassen. Versuchungen, Verlockungen und kurzfristigen Befriedigungen hält man leichter stand, wenn das größere Ziel klar und eindeutig ist. Dazu bedarf es aber einer starken Eigenmotivation, Psychologen sprechen von intrinsischer Motivation.

Bleiben wir beim Beispiel Abnehmen: Wenn Sie ein paar Pfunde verlieren wollen, weil der Partner findet, Sie seien zu dick, oder weil der Urlaub vor der Tür steht, werden Sie Ihr Ziel nicht erreichen und immer wieder die Kontrolle über Ihr Essverhalten verlieren. Solange Sie nicht für sich selbst abnehmen wollen, solange Sie also nicht intrinsisch motiviert sind, werden Sie sich immer wieder von kurzfristigen Belohnungen verführen lassen. Dies bestätigt auch eine Studie, die an der Universität von Rochester durchgeführt wurde. 128 Patienten nahmen an einem Gewichtsreduktionsprogramm teil und wurden über einen Zeitraum von zwei Jahren wissenschaftlich begleitet. Danach gefragt, warum sie abnehmen wollen, gab ein Teil der Patienten externe Gründe an wie «Ich möchte anderen zeigen, dass ich mich wirklich bemühe, Gewicht zu verlieren». Ein Teil der Befragten aber meinte: «Es ist für mich persönlich wichtig, abzunehmen.» Nur Motive wie dieses, die Forscher sprechen auch von «autonomen Motiven», führen langfristig zum Erfolg, wie die Studie belegt. Anders als die extern motivierten Patienten hielten die «Autonomen» das Diätprogramm leichter durch, verloren mehr Gewicht, trieben regelmäßig Sport und hatten auch 23 Monate nach Ende des Programms noch nicht wieder zugenommen.

Welches Ziel Sie auch immer vor Augen haben – ein schlanker Körper, die berufliche Selbstständigkeit, mietfreies Wohnen oder endlich Klavier spielen zu können –, nur eine autonome, intrinsische Motivation wird Sie davor bewahren, sich von Ihrem Weg abbringen zu lassen. Solange wir halbherzig eine Sache verfolgen, werden wir leicht zum Spielball von Verführern aller Art. Selbstkontrolle fällt dagegen leicht, wenn wir niemals vergessen, was wir wirklich wollen.

2. Beobachten Sie sich selbst

Vieles, was wir tun, tun wir automatisch, oftmals ohne uns darüber im Klaren zu sein, warum wir es tun. Ein banales Beispiel: Sie sind eingeladen, die Gastgeber sind aufmerksam und gießen Ihnen immer wieder Wein nach. Die Unterhaltung ist anregend und Sie registrieren gar nicht, dass das Glas immer voll ist und Sie mehr trinken, als Sie eigentlich wollen. Ähnlich ergeht es Rauchern, die sich in Gesellschaft eine Zigarette nach der anderen anstecken, ohne dies bewusst zu registrieren. Auch für Schnäppchenjäger, die sich von verlockenden Niedrigpreisen zu Impulsivkäufen verleiten lassen und ohne über ihren Kontostand nachzudenken mit ihrer Kreditkarte bezahlen, gilt: Sie handeln automatisch, ohne darüber nachzudenken, was sie da tun.

Wenn Sie vermeiden wollen, dass Kontrollverlust Sie immer wieder aus der Ruhe bringt, dann sollten Sie achtsamer werden und sich selbst besser beobachten. Je öfter Sie sich die Frage stellen «Was tue ich da eigentlich, und warum tue ich es?», desto häufiger wird Ihnen auffallen, dass Sie vieles von dem, was Sie hinterher häufig bereuen, unbewusst und automatisch tun.

3. Wägen Sie kurzfristige Befriedigung gegen langfristigen Gewinn ab

Ehe Sie einem spontanen Impuls nachgeben, prüfen Sie, ob er mit einem wichtigen langfristigen Ziel kollidiert. Angenommen, Sie wollen sich beruflich weiterbilden und müssen sparen, um sich die Ausbildung leisten zu können. Den wunderschönen, aber sündhaft teuren Pullover, den Sie in der Auslage eines Modegeschäftes gesehen haben, hätten Sie gerne. Allerdings kollidiert dieser Wunsch mit Ihrem Vorsatz, jeden Pfennig für die Ausbildung zu sparen. Bevor Sie das Geschäft betreten und Ihre Kreditkarte zücken, sollten Sie sich eine völlig kostenlose Fantasiereise gönnen: Wie lange werden Sie Freude an dem teuren Kleidungsstück haben? Wie schnell werden Sie den Kauf bereuen? Stellen Sie sich Ihre berufliche Zukunft vor und prüfen Sie, was Ihnen wirklich wichtig ist. Kann sein, dass Sie zu dem Ergebnis kommen: «Dieser Pullover wird mich nicht weit von meinem Ziel entfernen. Ich möchte mir diese Freude machen.»

Dann wird der Kauf Sie nicht aus der Ruhe bringen. Anders aber fiele das Resultat aus, wenn Sie, noch ehe Sie zu Hause angekommen sind, die Geldausgabe als überflüssig bereuen. Reue ist ein großer Feind der Gelassenheit.

Es lohnt sich also, ehe man handelt, zu prüfen: Was habe ich wirklich davon, wenn ich einem spontanen Wunsch nachgebe? Wie lange wird die Befriedigung anhalten? Ist die kurzfristige Freude es wert, dafür ein langfristiges Ziel aus den Augen zu verlieren?

4. Stärken Sie Ihre Abwehr

Wir sind tagtäglich von Verführungen umzingelt: Werbung. Hochglanzzeitschriften. Verlockend ausstaffierte Schaufensterauslagen. Leckere Angebote im Supermarkt. All das stellt unsere Selbstkontrolle immer wieder auf eine harte Probe. Doch es gibt eine Möglichkeit, sich zu wappnen: Wenn Sie die wichtigsten Strategien der Verführer durchschauen, können Sie so manche Selbstkontroll-Falle umgehen.

- *«Gibst du mir, geb ich dir»*: Wir glauben, wenn wir etwas bekommen haben, müssen wir auch etwas zurückgeben. Deshalb sind wir besonders leicht verführbar, wenn uns etwas «geschenkt» wird. Beispiel: Sie werden im Supermarkt zu einer Sektprobe eingeladen – und bringen es dann nicht fertig, keine Flasche zu kaufen. Ihr Ziel: «weniger Alkohol trinken» wird durch das Gesetz «Gibst du mir, geb ich dir» außer Kraft gesetzt.
- *«Wer A sagt, muss auch B sagen»*: Diese weit verbreitete

Überzeugung nutzen Verführer für ihre Zwecke aus. Sie veranlassen uns mit Überredungskunst oder scheinbar «guten» Argumenten zu einem ersten Schritt («Machen Sie doch ganz unverbindlich eine Probefahrt») und haben danach dann oft leichtes Spiel, weil wir nicht als inkonsequent erscheinen wollen.

- *«Wenn es andere tun...»:* Wenn wir unsicher sind, orientieren wir uns gerne am Verhalten anderer. Was so viele andere tun, kann für uns doch nicht falsch sein, denken wir. Und kaufen dem redegewandten fliegenden Händler auch die Super-Haushaltsmaschine ab, die reißenden Absatz findet.

- *«Sie war so nett zu mir»:* Es fällt schwer, zu jemandem «nein» zu sagen, der freundlich zu uns ist. Dies wissen clevere Verkäufer und stellen schnell eine persönliche, freundschaftliche Atmosphäre her. Wir lachen über ihre Witze, unterhalten uns angeregt mit ihnen über den letzten Urlaub – und kaufen am Ende das Kostüm, das wir uns eigentlich nur anschauen wollten.

- *«Nachher ist es weg!»:* Sie wollen sich den Kauf einer Ware noch überlegen, doch da sagt die Verkäuferin: «Zögern Sie nicht zu lange. Das ist unser letztes Stück, und es waren heute schon zwei Interessenten da.» Die Wahrscheinlichkeit, dass Sie gleich zuschlagen, steigt. Wenn wir glauben, eine Ware sei knapp oder schwer zu erhalten, sind wir zu schnellen Entschlüssen bereit.

- *«Wenn die das sagen!»:* Die Werbewirtschaft weiß es längst: Sie lässt Zahnärzte und ihre Ehefrauen, Wissenschaftler, Ärzte und Waschmaschinenexperten auftreten, um uns von der Seriosität eines Produktes zu überzeugen. Ganz offensichtlich ist unser Expertenglaube immer noch stark genug, um uns mit weißen Kitteln und so genannten «wissenschaftlich abgesicherten» Argumenten zu ködern.

Je besser wir Verführungsmechanismen durchschauen, je bestimmter wir unsere eigenen Ziele und Vorstellungen dagegen setzen, umso stärker wird unsere Selbstkontrolle. Wir lassen uns dann nicht so leicht von unserem Weg abbringen. Und dies ist ein wesentlicher Baustein eines gelassenen Lebens. Wenn Sie wissen, was Sie wirklich wollen, dann kann es Sie wenig beeindrucken, was andere für richtig oder für falsch halten. Sie lassen sich nicht beirren und auch nicht verunsichern. Bemerkungen wie «Iss doch, du bist doch dünn genug» prallen dann ebenso an Ihnen ab wie «Das trägt man heute» oder «Warum willst du denn noch etwas lernen? Du hast doch einen guten Job». Selbstkontrolle bedeutet immun zu werden gegenüber Einflüsterungen und Besserwissereien aller Art. Selbstkontrolle heißt: «Ich gehe meinen Weg.»

VII.

Du sollst Freund von Feind unterscheiden

Gelassen bleiben. Das gelänge uns oft ganz gut, wären da
nicht die lieben Mitmenschen. Selbst die, die uns wohlge-
sinnt sind, strapazieren häufig unsere Geduld und gehen
uns schwer auf die Nerven. Ganz abgesehen von den vielen
mehr oder weniger fremden Menschen, denen wir im Laufe
eines Tages begegnen und deren Launen und Eigenheiten
wir ertragen müssen. Ob in der eigenen Familie, am Arbeitsplatz, im Supermarkt oder in der U-Bahn – wir sind gezwungen, mit anderen umzugehen, und müssen mit ihnen
auskommen. Das fällt oft nicht leicht und stellt unser zwi-
schenmenschliches Können immer wieder neu auf die
Probe. «Die Hölle, das sind die anderen», meinte Jean-Paul
Sartre. Und wir sind schnell geneigt, ihm zuzustimmen.
Kennt doch wahrscheinlich jede von uns unangenehme
Mitmenschen, die jede Lebensfreude im Keim ersticken
können und eine große Begabung darin an den Tag legen,
unsere eigenen schlechten Seiten aus uns «herauszukitzeln».
In ihrer Gegenwart werden wir regelmäßig ärgerlich,
depressiv, aggressiv, zynisch, fühlen uns gekränkt oder ver-
letzt. Wir lassen uns vom negativen Verhalten des anderen
anstecken.

Doch unangenehme Zeitgenossen müssen nicht zwangsläufig zur «Hölle» werden. Es liegt an uns, ob wir angesichts zwischenmenschlicher Zumutungen gelassen bleiben oder ob wir anderen das Recht einräumen, uns zu kränken, zu beleidigen, zu nerven und aus der Ruhe zu bringen. Wir haben es in der Hand, ob wir Menschen mit schädlichem Einfluss in unser Leben lassen oder auf Distanz halten. Wenn wir die Lebenskunst, Freund von Feind zu unterscheiden, beherrschen, dann können uns nervende Mitmenschen nicht wirklich aus der Ruhe bringen.

Manchmal ist es gar nicht so einfach, die Unterscheidung zwischen freundlich und feindlich gesinnten Menschen zu treffen. Vor allem dann nicht, wenn ehemalige Freunde und Freundinnen zu Feinden werden. «Es gibt im Wesentlichen drei Gründe, warum sich gute Freunde in bösartige Feinde verwandeln», erklärt die amerikanische Autorin Lillian Glass. «Sie sind eifersüchtig und neidisch, sie fühlen sich bedroht oder sie haben etwas gründlich missverstanden.»

Eifersucht und Neid sind die Wurzeln jedes bösartigen Verhaltens. Wenn ein Freund oder eine Freundin zu viel Glück im Leben zu haben scheint oder zu große Erfolge einheimst, dann kann das oft sogar für bislang gute Freunde des Guten zu viel sein. Um nicht an ihrer Eifersucht zu ersticken, suchen sie nach einem Ventil. Sie machen den Freund bei anderen schlecht («Ich halte ihn für überschätzt, so gut ist er gar nicht») oder streuen infame Gerüchte («Ich weiß etwas, das wirft kein gutes Licht auf diese Person»).

Eine Konsequenz nicht bewältigter Eifersucht ist das Gefühl, nicht gut genug zu sein. Freundschaften zerbrechen, wenn eine Person unter einem mangelnden Selbstwertgefühl leidet und deshalb nicht ertragen kann, dass es der Freundin, dem Freund gut geht. Das Gefühl der eigenen Wertlosigkeit lässt sie versuchen, die Freundin zu kontrollieren, ihr vorzuschreiben, was sie tun soll, sie vor anderen schlecht zu machen oder ihr die Unterstützung zu entziehen.

Der harmloseste Grund für Freundschaftskrisen sind Missverständnisse. Es kann immer mal passieren, dass man sich einander nicht verständlich machen kann und dass daraus Konflikte entstehen. Missverständnisse lassen sich aus dem Weg räumen und werden eine Freundschaft nur selten wirklich gefährden. Anders verhält es sich, wenn Eifersucht oder ein mangelndes Selbstwertgefühl im Spiel ist. «Dann gibt es keinen Weg zurück. Die Freundschaft kann meist nicht mehr repariert werden.» Wenn sich eine Freundin oder ein Freund als eifersüchtig und neidisch entpuppt, dann gibt es nur einen Weg, rät Glass: «Verlassen Sie die Beziehung und schauen Sie nicht zurück. Sie können es sich nicht leisten, missgünstige Menschen in Ihrer nächsten Umgebung zu haben.» Denn kaum etwas ist ein so wirksamer Gelassenheits-Killer wie ein neidischer Mitmensch.

Neben Freunden, die sich zu irgendeinem Zeitpunkt der Beziehung zu Feinden verwandeln, gibt es noch andere Mitmenschen, die unsere Gelassenheit empfindlich stören können, wenn wir sie nicht als das erkennen, was sie sind: Nervensägen. Vielleicht sind Sie mit einer Person dieser

Gattung verwandt, vielleicht leben Sie sogar mit einer oder müssen mit ihr Schreibtisch an Schreibtisch arbeiten. Prüfen Sie, ob Ihnen eine (oder vielleicht sogar mehrere) der folgenden Personenbeschreibungen bekannt vorkommt:

- *Unverbesserliche Pessimisten:* Dieser Typus Mitmensch sieht nur schwarz. Ihm gelingt es mit wenigen Worten, uns den Wind aus den Segeln zu nehmen. Einwände sind seine Stärke. Die Gespräche mit Pessimisten ziehen uns runter, nehmen uns jeden Mut und kreisen meist nur um Schwierigkeiten, Sorgen, Probleme.
- *Unsichere Neider:* Sie suchen überall das berühmte Haar in der Suppe. Es fällt ihnen schwer, über andere Positives zu äußern, sie lieben es, den Finger auf die Schwachpunkte anderer zu legen. Mit diesem Verhalten überdecken sie ihr eigenes schwaches Selbstwertgefühl und ihren Neid auf den Erfolg und die Zufriedenheit anderer.
- *Bösartige Schlangen:* Diese lieben Mitmenschen sind wahrlich Gift für uns. Sie umschmeicheln uns, weihen uns in «Geheimnisse» ein, wenn sie uns für ihre Intrigen und Machtspielchen brauchen; sie scheuen aber auch nicht davor zurück, über uns Gerüchte in die Welt zu setzen, sollten wir ihren eigenen Zielen im Wege stehen. Bösartige Schlangen intrigieren für ihr Leben gern und sind als Freunde ungeeignet.
- *Penetrante Besserwisser:* Interessante Gespräche sind mit diesem Typus nicht möglich. Er lässt keine Meinung außer seiner eigenen gelten, er weiß immer alles besser, hält

sich selbst für den Klügsten und rümpft über andere und deren Können die Nase. Die «Spezialität» des Besserwissers sind: Monologe. Penetrante Rechthaber wollen, dass man ihnen zuhört, bestätigend mit dem Kopf nickt und ansonsten schweigt.

- *Eingeschnappte Mimosen:* Man weiß eigentlich nie, was man falsch gemacht hat. Aber irgendetwas muss man falsch gemacht haben, sonst wären diese Mitmenschen nicht ständig beleidigt. Gleichgültig, ob sie über neueste politische Entwicklungen mit uns reden, über die gestiegenen Benzinpreise oder das unmögliche Verhalten ihres Chefs: Wir fühlen uns wie auf einer Anklagebank – und prompt auch schuldig. Eingeschnappte Mimosen glauben, dass die Welt ihnen irgendetwas schuldet, und sie lassen diesen Glauben an ihren Mitmenschen aus.

- *Erpresserisch Kranke:* Sie gehören meist zu unserem engeren Umfeld und verstehen es meisterlich, uns ein schlechtes Gewissen zu bereiten. Wann immer wir ihre hoch gesteckten Erwartungen an uns nicht erfüllen («Du rufst zu wenig an!», «Wie kannst du zwei Wochen in Urlaub fahren und mich alleine lassen!»), werden sie krank. Ihre Krankheit setzen sie als Waffe ein, mit der sie uns in Schach halten. Erpresserisch Kranke können uns das Leben zur Hölle machen, wenn wir auf ihre «Spielchen» eingehen.

- *Nörgelnde Kritiker:* Ihnen ist nichts gut genug. Das neue Lokal, in das wir sie einladen, ist zu teuer; das Geschenk, das wir ihnen machen, können sie nicht brauchen; die

Zeit, die wir ihnen widmen, ist zu kurz; unseren Beruf halten sie für langweilig; und niemals würden sie dort Urlaub machen, wo wir diesen Sommer gebucht haben. Nörgelnden Kritikern gelingt es, uns an allem den Spaß zu verderben und unsere Gelassenheit schlagartig in Nervosität und schlechte Laune zu verwandeln.

- *Geizige Pfennigfuchser:* Sie lassen sich immer von uns einladen. Sie trinken uns unseren guten Wein weg, doch sind wir mal bei ihnen zu Hause, gibt es nur Tee und Mineralwasser im Angebot. Dieser Typus ist nicht an uns interessiert, sondern daran, was wir bieten können.

Was tun, wenn Sie solche «lieben» Menschen an Ihrem Arbeitsplatz, im Bekanntenkreis oder gar in der Familie ertragen müssen? Was tun, wenn Sie sie nicht einfach aus Ihrem Leben werfen können, sondern gezwungen sind, mit ihnen auszukommen? Nur nicht verzweifeln: Es gibt hilfreiche Techniken, mit denen Sie Nervensägen neutralisieren und Ihr eigenes Nervenkostüm schützen können:

Die Spiegel-Technik: Erzählt Ihnen beispielsweise die Intrigantin das neueste Gerücht über einen Kollegen, können Sie folgende Techniken anwenden: Interessieren Sie sich nicht für das Gerücht, sondern fallen Sie ihr ins Wort und erzählen Sie ihr ein erfundenes, möglichst absurdes Gerücht über eine andere Person. Irgendwann wird sie irritiert merken, dass Sie sie nicht ernst nehmen. Dies ist der beste Zeitpunkt, um ihr klarzumachen, dass Sie sich an

Gerüchteküchen nicht beteiligen wollen und ihr Verhalten missbilligen.

Die Frage-Technik: So manche Nervensäge können Sie zum Verstummen bringen, wenn Sie ihre Aussagen hinterfragen: «Warum findest du XY so schrecklich?», «Warum bist du so schlecht gelaunt? Hat dir jemand etwas getan?» Der nervende Zeitgenosse muss seine Behauptungen, seine Kritik und seine Nörgelei dann begründen. Und weil er dies nicht kann, wird er früher oder später verstummen.

Die Umarmungs-Technik: Besonders geeignet bei nörgelnden Kritikern, eingeschnappten Mimosen oder erpresserisch Kranken. Betont liebenswürdiges Verhalten, Fürsorge und Mitleid können diese Typen überwältigen und mundtot machen. Sie rechnen nämlich mit allem, nur nicht damit, dass Sie ihnen nicht nur hundertprozentig Recht geben, sondern sogar noch einen draufsetzen.

Die Konfrontation: In manchen Situationen helfen keine Tricks und Techniken mehr. Dann bleibt Ihnen zum Selbstschutz nichts anderes übrig, als sich gegen die Zumutungen nervender Zeitgenossen klar und deutlich zur Wehr zu setzen. Statt ihre Attacken stillschweigend zu erdulden und darunter zu leiden, sollten Sie sich mit eindeutigen Worten dagegen abgrenzen: «Ich dulde nicht, dass Sie in diesem Ton mit mir sprechen!», «Bitte verschone mich mit deinen versteckten Aggressionen», «Suchen Sie sich jemand anderen für Ihre Machenschaften. Ich bin die Falsche.»

Beziehungsabbruch: In extremen Fällen bleibt Ihnen nur noch eines: Beenden Sie die Beziehung. So wie Sie ehemalige Freunde, die zum Feind mutierten, nicht mehr länger in Ihrer Nähe dulden sollten, so sollten Sie sich auch von Menschen trennen, die Sie systematisch mit ihrem «Gift» aus dem Gleichgewicht bringen. Gehen Sie der ständig nörgelnden Kollegin aus dem Weg, laden Sie egoistische Personen nicht mehr ein, trennen Sie sich von Menschen, die Ihnen durch ihr Verhalten jede Kraft rauben. Das mag im Einzelfall sehr schwierig sein, vor allem wenn es sich um Personen handelt, die uns sehr nahe stehen oder einmal nahe standen. In solchen Fällen kann es sein, dass Sie professionelle Unterstützung brauchen, um sich lösen zu können. Mag der Ablösungsprozess noch so schwer sein, Sie werden danach merken, wie viel Kraft Sie diese Person gekostet hat. Kraft, die Sie nun für sich und wahre Freunde zur Verfügung haben.

Wenn Sie diesen Schritt getan haben, achten Sie in Zukunft sorgfältiger darauf, mit wem Sie sich näher einlassen. Sollten Sie unsicher sein, wie Sie schon im Vorfeld Freund von Feind unterscheiden können, hier die wichtigsten Merkmale einer freundschaftsfähigen Person. Diese Faktoren bilden eine Art Raster, das wir an andere Menschen anlegen können, wenn wir auf der Suche nach wirklichen Seelenverwandten sind.

Akzeptanz

Eine Person, die ein Freund, eine Freundin sein kann, respektiert und akzeptiert andere. Sie hat es nicht nötig, andere herabzusetzen. In ihrer Gegenwart fühlt man sich wohl, weil man spürt: «Die nimmt mich so, wie ich bin. Die will mich nicht ändern oder bevormunden.» Weil sie Sicherheit vermittelt, gelingt es ihr, dass wir uns von unserer besten Seite zeigen. Zu solchen Menschen fühlen wir uns automatisch hingezogen, oftmals ohne zu wissen, was ihre Attraktivität eigentlich ausmacht.

Interesse

Eine Freundschaft antragen sollte man nur einer Person, die nicht in erster Linie an sich selbst interessiert ist. Sie will nicht ständig über sich, ihren Beruf, ihre Familie, ihre Erfolge sprechen, sondern ist ernsthaft daran interessiert, etwas vom Gegenüber zu erfahren. Was denkt die andere? Wie lebt sie? Welche Standpunkte vertritt sie?

Ein Mensch, der auf einer Party selbstgefällig den Entertainer mimt oder sich langatmig über Details aus seinem Leben auslässt, wird nur selten ein wirklich guter Freund sein. Er ist viel zu selbstzentriert und daran interessiert, dass man ihm applaudiert.

Hilfsbereitschaft

Eine freundschaftsfähige Person hilft anderen nicht nur, wenn es ihr gerade in ihren Zeitplan passt oder wenn es ihr persönlich von Nutzen sein kann. Braucht jemand ihre

Hilfe, dann ist sie großzügig mit ihrer Zeit und ihren Fähigkeiten. Für ihre Hilfe erwartet sie keine Gegenleistung. Sie gibt, weil sie überzeugt davon ist, dass es ihre Aufgabe ist. Ob es um einen Umzug geht oder wenn eine Schulter zum Ausweinen gebraucht wird – wahre Freunde zögern nicht, ihre Unterstützung anzubieten.

Auch geizen sie nicht mit Anerkennung und Lob, gleichgültig, ob es sich um Kollegen, Freunde, Familienmitglieder oder Fremde handelt. Spontan können sie zum Beispiel der wildfremden Verkäuferin im Supermarkt sagen, dass ihnen deren Kleid gefällt.

Objektivität

Ein Freund kann nur werden, wer nicht auf Klatsch und Tratsch hört und sich auch nicht daran beteiligt. Kommt ihm über einen Menschen Negatives zu Ohren, dann versucht er, sich selbst ein Bild zu verschaffen. Er spricht offen mit dem Betroffenen darüber, aber niemals käme es ihm in den Sinn, über diese Person mit anderen zu sprechen. Im Zweifelsfall verfährt er nach dem Motto: «Wenn man nichts Gutes über einen Menschen sagen kann, sollte man lieber schweigen».

Diese Menschen verurteilen auch andere nicht, nur weil sie einen anderen Lebensstil pflegen oder anderer Meinung sind. Solange niemandem Schaden zugefügt wird, verfahren sie nach dem Motto «Leben und leben lassen».

Weil sie sich selbst akzeptierten, fällt es ihnen leicht, die Andersartigkeit anderer zu akzeptieren. Sie behandeln andere so, wie sie selbst behandelt werden möchten.

Aufmerksamkeit

Gleichgültigkeit und Unaufmerksamkeit sind Merkmale von Menschen, denen an anderen nicht viel gelegen ist. Wenn man auf Freundschaftssuche ist, sollte man um sie einen Bogen machen. Interessant sind dagegen Menschen, deren Aufmerksamkeit uns ins Auge fällt. Sie merken sich Geburtstage, wissen, was der andere mag oder nicht mag. Eine beiläufige Äußerung wie «Blau ist meine Lieblingsfarbe» speichern sie ab und werden beim nächsten Geburtstag nicht mit einer gelben Vase ankommen.

Verlässlichkeit

Ein guter Freund, eine gute Freundin hält Wort. Versprechen sie etwas, kann man sich darauf verlassen. Doppelte Botschaften sind wahren Freunden fremd. Ebenso kämen sie nie auf die Idee, andere zu manipulieren, zu belügen oder zu betrügen.

Selbstironie

Was einen Menschen anziehend macht, ist die Fähigkeit, sich selbst nicht allzu ernst zu nehmen. Er hält sich nicht für den Nabel der Welt und seine Ansichten für so spannend, dass er den ganzen Abend darüber reden muss. Er besitzt Humor und die Fähigkeit, über sich selbst zu lachen. Selbstmitleid ist ihm fremd. Er spricht offen über Niederlagen und versucht sie so schnell als möglich zu überwinden.

Emotionalität

Eine gute Freundin ist einfühlsam: Sie hört nicht nur auf das, was ein Mensch, der ihr wichtig ist, sagt. Sie spürt auch, wie es ihm geht. Merkt sie, dass der andere Hilfe benötigt, dann bietet sie ihren Rat an, aber sie drängt ihn nicht auf.

Umgekehrt macht sie aus ihrer eigenen Seelenverfassung kein Geheimnis. Sie zeigt, wenn sie traurig ist, sagt, wenn sie sich geärgert hat, und informiert über ihre Probleme. Niemals würde sie aus falschem Stolz Hilfe und Unterstützung ablehnen. Sie kann zugeben, wenn sie alleine nicht mehr weiterweiß.

Loyalität

Loyale Menschen schenken ihre Sympathien nicht heute dem und morgen dem – je nachdem, woher der Wind weht. Auch wechseln sie ihre Standpunkte nicht wie die Hemden. Diese Menschen bekennen sich zu ihren Ansichten ebenso wie zu den Menschen, die ihnen etwas bedeuten. Ob in guten oder in schlechten Zeiten, loyale Freunde äußern selbstbewusst ihre Ansichten und wenn es nötig ist, verteidigen sie ihre Freunde gegen Anfeindungen, Vorwürfe oder Intrigen.

Bei einem loyalen Menschen weiß man immer, woran man ist. Da gibt es kein Taktieren, keine Verstellung, keine Schmeicheleien und kein Nach-dem-Mund-Reden.

Autonomie

Eine autonome Person ist realistisch: Sie weiß, was sie kann und was sie nicht kann, sie kennt ihre Stärken und ihre Grenzen. Sie macht sich nicht abhängig von der Meinung oder dem Wohlwollen anderer, sondern weiß, dass sie allein verantwortlich ist für ihr Leben, ihre Erfolge wie für ihre Misserfolge. Sie gibt nicht anderen die Schuld, wenn etwas schief läuft, sondern bemüht sich aus eigener Kraft die Situation zu verändern. Eine autonome Person lebt nicht in der Vergangenheit, sondern ist zukunftsorientiert.

Gelassen leben, das gelingt uns ganz leicht, wenn wir eine Hand voll guter Freunde und Freundinnen haben, die uns unterstützen, aber auch wohlwollend kritisieren. Überwiegen dagegen die Nervensägen, die Übelwollenden, die Missgelaunten und Sauertöpfischen in unserem Leben, dann wird es Zeit, dass wir ein wenig «aufräumen»: Weisen wir sie in ihre Schranken oder trennen wir uns ganz von ihnen. Sie haben nicht das Recht, uns aus der Ruhe zu bringen. Und Sie haben schon gar nicht das Recht, uns Kraft und Zeit zu rauben, die wir für unsere wahren Freunde dringend benötigen.

VIII.

Du sollst dir nicht zu viele Sorgen machen

«Wenn wir immer ein offenes Herz hätten das Gute zu ge-
niessen, das uns Gott für jeden Tag bereitet, wir würden als-
denn auch Kraft genug haben, das Uebel zu tragen, wenn es
kommt.» In «Die Leiden des jungen Werther» offenbart der
Dichterfürst Johann Wolfgang von Goethe seine Lebens-
philosophie: Jeder Moment im Leben ist kostbar. Wir sollten ihn genießen und wertschätzen, denn, so Goethe, «er ist
der Repräsentant einer ganzen Ewigkeit». Deshalb lässt er
Werther auch den Vorsatz fassen: «Ich will mich bessern,
will nicht mehr ein bißchen Übel, das uns das Schicksal vor-
legt, wiederkäuen, wie ich's immer getan habe, ich will das
Gegenwärtige genießen, und das Vergangene soll mir vergangen sein.»

Goethe war ein Lebenskünstler. In vielen seiner Werke
und auch in seinen Briefen und Schriften wird immer wieder seine Haltung deutlich, dass das Leben zu kostbar ist, als
dass wir es mit Grübelei und Sorgen vergiften sollten. So
ließ er Mephistopheles im «Faust» erklären:

«Ich macht ihm deutlich, daß das Leben
Zum Leben eigentlich gegeben.

Nicht sollt in Grillen, Phantasien
Und Spintisiererei entfliehen.
Solange man lebt, sei man lebendig!»

Goethe nahm in seinen Werken vieles vorweg, was in den letzten Jahrzehnten von der psychologischen Wissenschaft erforscht wurde und inzwischen Kernstück verschiedener psychotherapeutischer Verfahren geworden ist: Die Art und Weise, wie wir über uns, über andere, über unsere Vergangenheit und Zukunft, über Probleme und Krisen denken, entscheidet über unser Wohlbefinden und unsere psychische Gesundheit. Wenn wir auf Ereignissen, die nun mal geschehen sind, herumkauen wie ein Hund auf einem alten Knochen, wenn wir diesen «Knochen» immer und wieder ausgraben, obwohl er längst abgenagt ist, dann nehmen wir uns damit nicht nur unsere Lebensfreude, wir können auch keine Lebensgelassenheit entwickeln. «Allen Gewalten zum Trutz sich erhalten», das gelingt nach Goethe und nach den Erkenntnissen der modernen Psychologie dann am besten, wenn wir uns nicht auf Dauer in sorgenvollen Gedanken verlieren.

«Hätte ich nur . . .», «Was wäre gewesen, wenn . . .», «Was soll ich nur tun?» – wenn unsere Gedanken auf der Suche nach einer Lösung anfangen sich im Kreise zu drehen, sind wir auf dem falschen Weg. Über verschüttete Milch allzu lange zu weinen, löst keine Probleme, im Gegenteil: Es schafft neue! Wie zahlreiche Studien belegen, haben hochgradige Grübler ein mehrfaches Handicap:

- Sie denken negativ über ihre gegenwärtige Situation, ihre Vergangenheit und ihre Zukunft.
- Sie kennen keinen Weg, um ihre Stimmung zu verbessern, und wissen nicht, wie sie ihre Situation wieder unter eigene Kontrolle bringen können.
- Sie haben Schwierigkeiten, angemessene Lösungen für ihre Probleme zu finden.
- Sie grübeln nicht nur über ihre eigenen Schwierigkeiten nach, sie neigen auch dazu, sich zu viele Sorgen um andere und deren Probleme zu machen. Besonders Frauen machen sich zusätzlich zu ihren eigenen Sorgen sehr gerne auch noch Sorgen um andere Menschen: «Wie kann ich der Freundin helfen, die sich nicht gegen ihren herrschsüchtigen Mann wehren kann?», «Sollte ich mich nicht öfter um die alten Eltern kümmern?», «Was kann ich tun, damit die Kollegin ihren Job nicht verliert?»
- Grübler leben häufig nach dem Motto «Wie es innen drin aussieht, geht niemanden etwas an». Sie versuchen, ihre Probleme mit sich selbst auszumachen. Nur selten vertrauen sie sich einem anderen Menschen an.

Die Folgen sind gravierend: Grübler verfangen sich häufig derart in ihrem Sorgengespinst, dass ihnen auf Dauer jede Zuversicht und Lebensfreude abhanden kommt.

Die Warnung vor den negativen Auswirkungen des Grübelns dürfen Sie nicht als Plädoyer für unkluge Sorglosigkeit missverstehen. Sorgenvolle Gedanken sind ein wichtiges Warnsignal: Sie zeigen uns, dass etwas nicht in Ordnung ist, sie geben uns die nötige Energie, wenn Veränderungen anstehen. Sie sind Ansporn und Motivationshilfe, neue Ziele in Angriff zu nehmen. Aber mit sorgenvollen Gedanken verhält es sich wie mit dem Blutdruck: Er hält uns am Leben, doch wenn er zu hoch ist, kann er unser Leben gefährden. Ähnliches gilt für unsere Sorgen: Räumen wir ihnen zu viel Raum ein, werden sie zu gefräßigen Parasiten, die unsere Lebensenergie nach und nach vernichten. Wer sich zu viel Sorgen macht, erwartet irgendwann nur noch das Schlimmste, verliert jeglichen Optimismus und registriert nicht mehr positive Entwicklungen; er neigt dazu, Gefahren zu übertreiben, und glaubt, dass die Dinge ihm über den Kopf wachsen. Am Ende steht die Depression, die einen sorgenvollen Menschen dann endgültig handlungsunfähig macht.

Ab wann aber macht man sich zu viele Gedanken, wie kann man wissen, ob man einem Geschehen zu viel Gewicht beimisst? Ein kleiner Test kann Ihnen helfen, Ihr «Sorgenausmaß» einzuschätzen:

Test: Mache ich mir zu viele Sorgen?
Kreuzen Sie die Antwort an, die am ehesten auf Sie zutrifft, und zählen Sie am Ende Ihre Punkte zusammen.

Ich mache mir Sorgen ...	gar nicht	ein wenig	öfter	sehr	äußerst
1. dass mein Geld nicht reicht	0	1	2	3	4
2. dass ich meine Ziele nie erreichen werde	0	1	2	3	4

3.	dass ich mein Arbeitspensum nicht schaffe	o	1	2	3	4
4.	dass ich mir nichts leisten kann	o	1	2	3	4
5.	dass ich mich unsicher fühle	o	1	2	3	4
6.	dass andere mich nicht anerkennen	o	1	2	3	4
7.	dass ich Arbeit liegen lasse	o	1	2	3	4
8.	dass ich gute Freunde verliere	o	1	2	3	4
9.	dass ich nicht viel erreicht habe	o	1	2	3	4
10.	dass ich nicht geliebt werde	o	1	2	3	4

Auswertung:

o bis 2 Punkte: Sie sind ein eher sorgloser Mensch. Sie geraten nicht so schnell ins Grübeln.

3 bis 6 Punkte: Ihr «Sorgenausmaß» ist unterdurchschnittlich. Zwar geraten Sie manchmal ins Grübeln, finden aber schnell wieder hinaus.

7 bis 14 Punkte: Sie sind, was Ihre Sorgen angeht, «Durchschnitt». Es besteht kein Grund zur Besorgnis, was Ihre sorgenvollen Gedanken angeht.

15 bis 21 Punkte: Sie machen sich überdurchschnittlich viel Sorgen, mehr als die meisten Menschen.

Über 21 Punkte: Sie machen sich ziemlich viel Sorgen. Sie sollten lernen, Ihre Sorgen zu managen.

Sorgenmanagement bedeutet nicht, die Sorgen ein für alle Mal aus der Welt zu schaffen. Es geht vielmehr darum, Sorgen nicht übermächtig werden zu lassen und zu lernen, gelassener mit ihnen umzugehen. Die Aufgabe, die wir dabei zu meistern haben, beschreibt besonders schön ein chinesisches Sprichwort: «Du kannst nicht verhindern, dass die Vögel der Besorgnis über deinen Kopf fliegen. Aber du kannst verhindern, dass sie sich in deinem Kopf ein Nest bauen.»

Wie also umgehen mit unvermeidlichen Sorgen, damit sie uns nicht die lebenskluge Gelassenheit rauben? Hierzu gibt die Psychologie hilfreiche Ratschläge:

Binden Sie die Sorgen

Führen Sie ein Tagebuch. Notieren Sie täglich, wie Sie sich fühlen und worüber Sie sich Gedanken und Sorgen machen. Stellen Sie fest, wie häufig Sie ins Grübeln geraten. Fragen Sie sich, wie oft Sie sich Sorgen über andere machen oder ob Sie sich den Kopf über die Nöte anderer zerbrechen. Schreiben Sie ebenfalls auf, worauf Sie Ihre Probleme zurückführen: Wie oft geben Sie sich selbst die Schuld? Notieren Sie auch, ob und mit wem Sie über Ihre Gedanken gesprochen haben. Schnell werden Sie herausfinden, ob Sie wie ein Magnet Sorgen an sich ziehen.

Drohen Ihnen die Sorgen über den Kopf zu wachsen, dann sollten Sie ihnen täglich einen gewissen Platz einräumen: Reservieren Sie eine halbe Stunde, in der Sie alles aufschreiben, was Ihnen durch den Kopf geht. Wählen Sie dazu immer denselben Ort. Auf diese Weise «binden» Sie die Sorgen an die reservierte Zeit und den ausgewählten Ort. Tauchen die sorgenvollen Gedanken außerhalb dieses «Sorgenraumes» auf, vertrösten Sie sie auf später. Auf diese Weise geraten Sie nicht ins gefährliche Dauergrübeln.

Analysieren Sie die Sorgen

Untersuchen Sie genau das Problem, fragen Sie sich: «Worüber mache ich mir genau Sorgen?» Prüfen Sie, was sich ändern soll: «Was möchte ich, dass passieren soll?» Und fragen Sie dann nach Ihren Möglichkeiten: «Was kann ich tun, um das gewünschte Ziel zu erreichen?» Schließlich geht es um eine Entscheidung: «Was werde ich konkret unternehmen?» Ganz am Schluss der Analysekette steht dann die Frage: «Was habe ich erreicht?»

Wichtig bei der Analyse der Sorgen ist es, kleine Schritte mit realistischen Zielen zu planen. Damit Sie hierbei nicht nach den Sternen greifen und am Ende frustriert feststellen müssen, dass sich Ihre Sorgen nicht verringert haben, sollten Sie auch den letzten Rat beherzigen:

Sprechen Sie mit anderen über Ihre Sorgen

Sorgen bringen uns dann ins schädliche Grübeln, wenn wir sie mit uns alleine ausmachen. Früher oder später drehen wir uns dann im Kreise oder geraten in einen Strudel negativer Selbstgespräche. Aus diesem Grund ist es wichtig, dass wir andere in unsere Sorgen einweihen und mit ihrer Unterstützung nach Lösungen suchen.

«Das Leben ist hart. Sogar wenn es einigermaßen gut verläuft, ist es hart. Außerdem gibt es keine Garantie, dass eine positive Lebensphase nicht in jedem Moment durch eine negative abgelöst werden kann. Kurz: Wir alle haben zu irgendeinem Zeitpunkt unseres Lebens Grund zur Klage.» Deutliche Worte einer Psychologieprofessorin: Die Amerikanerin Barbara S. Held geht hart mit «Therapeuten, Selbsthilfeaposteln oder wohlmeinenden Freunden» ins Gericht, die es uns «noch zusätzlich schwer(machen), wenn sie von uns verlangen, nicht darüber zu klagen.» Klagen über Sorgen dürfen, ja sollen wir sogar. Wer nicht über seine «schwarzen Gedanken» spricht, verliert irgendwann den festen Boden unter den Füßen und wird blind für die positiven Seiten des Daseins. Der Harvard-Psychologe Jonathan Schedler meint dazu: «Wir brauchen die wahrhaftige Unterstützung von anderen Menschen. Wer das nicht anerkennt, wird sich von Sorgen belagert fühlen.» Suchen Sie also eine Person Ihres Vertrauens auf, mit der Sie Ihre Sorgen besprechen können und die Ihnen hilft, aus Ihrem Gedankenteufelskreis auszubrechen.

Setzen Sie sich in Bewegung

Die einfachste Möglichkeit, übermächtige Sorgen in die Schranken zu weisen, ist Bewegung. Jede Art von körperlicher Betätigung hilft, den Teufelskreis der Gedanken zu unterbrechen. Ob Sie spazieren gehen, joggen, im Fitnessstudio trainieren oder schwimmen – Bewegung reduziert Spannung, vertreibt frustrierende Gefühle und gibt Ihnen verlorenes Selbstvertrauen zurück. Wer zum Grübeln neigt, sollte sich möglichst regelmäßig – am besten jeden zweiten Tag – für mindestens 30 Minuten in Bewegung setzen. Auf Dauer wird das die Neigung zum Grübeln immer mehr reduzieren.

Die Kraft, «das Uebel zu tragen, wenn es kommt», wie es Goethe fordert, haben wir nur, wenn wir geschickte Sorgenmanagerinnen werden und uns nicht von selbstquälerischen Grübeleien die Lebensfreude rauben lassen. Wann immer unsere Gedanken ins allzu Negative abzurutschen drohen, sollten wir uns an den Ratschlag des Dichterfürsten erinnern: «Solange man lebt, sei man lebendig!» und aus allzu aufgeblähten und sich viel zu wichtig nehmenden Sorgen die Luft rauslassen.

Eine kleine Übung, die Sie entweder real oder in der Fantasie durchführen, kann Ihnen dabei behilflich sein:

1. Beschreiben Sie in wenigen Worten, worüber Sie sich im Moment am meisten Sorgen machen. Zum Beispiel «die Schulnoten der Kinder», «meinen Mann», «Geld».
2. Nehmen Sie einen Luftballon (wenn Sie keinen haben, machen Sie die folgenden Schritte in der Fantasie) und stellen Sie sich vor, dass Sie Ihre Sorge in diesen Ballon hineinblasen.
3. Dann holen Sie eine Nadel und stechen genüsslich in den Ballon. Freuen Sie sich an dem Knall oder malen Sie sich in der Fantasie ganz genau aus, wie es den Luftballon in zahlreiche kleine Fetzen zerreißt.

4. Nun stellen Sie sich etwas Angenehmes vor: einen Menschen, den Sie lieben, einen Ort, an dem Sie gerne sind, eine Aufgabe, die Ihnen Freude macht... Blasen Sie jetzt einen zweiten Ballon mit dieser positiven Vorstellung auf. Schreiben Sie – real oder in der Fantasie – mit Filzstift auf den prall mit Energie gefüllten Ballon, was in ihm ist: «Richard», «Meereswellen», «meine Flöte».

5. Diesen positiven Ballon lassen Sie fliegen. Spielen Sie mit ihm, wie Sie es als Kind getan haben: auf und nieder, immer höher schubsen Sie ihn und freuen sich an seiner Leichtigkeit.

Wann immer eine Sorge übermächtig zu werden droht, kann diese Übung auch Ihnen zu mehr Leichtigkeit und Gelassenheit verhelfen. Danach werden Sie sich garantiert wieder lebendiger fühlen.

IX.

Du sollst von den Katzen lernen

Wenn Sie mit einer Katze leben, dann wissen Sie wahrscheinlich sofort, was dieses 9. Gebot meint. Katzen haben die beneidenswerte Fähigkeit, sich vollkommen zu entspannen. Da liegen sie auf warmen Fensterbänken, vor dem Haus in der Sonne, auf der kuscheligen Wolldecke, haben die Augen vor Wohlbehagen geschlossen und die Pfoten weit von sich gestreckt. Alles an ihnen ist schwer und träge, jeder Muskel locker wie ein ausgeleiertes Gummiband. Nichts kann sie dann aus der Ruhe bringen – nicht die surrende Fliege, die um ihre Schnauze kreist, nicht die lauten Stimmen von Herrchen und Frauchen, die sich über die Tagesereignisse unterhalten. Wenn die Mieze beschlossen hat «Jetzt ist Entspannungszeit», kann sie nichts und niemand um ihre erholsame Pause bringen. Katzenbesitzer seufzen dann oft voller Neid: «Ach, wenn ich mich nur auch so entspannen könnte!»

Zu Neid ist jedoch kein Anlass. Denn auch wir können es. Auch wir können wie die Katzen sein: ganz entspannt im Hier und Jetzt. Wie die Katzen besitzen auch wir Menschen eine angeborene Fähigkeit uns zu entspannen. Allerdings ist uns diese Fähigkeit in unserem stressreichen Leben mehr und mehr abhanden gekommen und wir müssen uns und unserem Körper Entspannung erst wieder beibringen. Auf Stress reagieren wir automatisch, Entspannung müssen wir bewusst und willentlich herbeiführen.

Der menschliche Körper reagiert auf Stress mit einer Reihe von Phänomenen, die uns fähig machen, der «Gefahr» angemessen zu begegnen: der Blutdruck steigt, die Herzschlagrate nimmt zu, wir sind in Alarmbereitschaft. So sinnvoll diese Reaktion auch in vielen Situationen ist, sie kippt ins Schädliche um, wenn wir zu vielen Belastungen ausgesetzt sind und der Körper keine Gelegenheit hat, den Stresspegel «herunterzufahren». In dieser Situation sind heute die meisten von uns. Seit 1960 hat sich der Stresspegel in unserer Gesellschaft um 44 Prozent erhöht, wie Stressforscher errechneten. In den letzten Jahrzehnten ist das Leben komplexer und unübersichtlicher geworden denn je zuvor: «Ein Zuviel an Belastungen und Anforderungen trifft auf ein Zuwenig an Kompetenzen und Ressourcen. Aus diesem Missverhältnis ergibt sich Stress – das ängstigende Gefühl der Überforderung», schreibt der Politikwissenschaftler Peter Fritzsche.

Dass viele Menschen dieses Gefühl der Überforderung erleben, lässt sich an verschiedenen Symptomen erkennen: Immer mehr Menschen erkranken an Depressionen, auch Angststörungen haben zugenommen, die Arztpraxen sind voll mit Patienten, die an Stresskrankheiten leiden.

Wenn Ihr Stresspegel in Ihrem Leben zu hoch ist, dann ist es sehr wahrscheinlich, dass Sie unter einem (oder mehreren) der folgenden Stresssymptome leiden:

- Sie können nur schwer einschlafen oder wachen sehr früh auf und liegen dann bis zum Morgengrauen wach.
- Sie leiden regelmäßig unter Kopfschmerzen oder Migräne.
- Rückenschmerzen plagen Sie, eventuell sind die Beschwerden bereits chronisch geworden.
- Sie haben keinen Appetit mehr. Auch das Gegenteil kann der Fall sein: Sie erleben regelrechte Fressanfälle.
- Ihr Blutdruck ist zu hoch.
- Immer häufiger sind Sie erkältet.
- Sie sind kurzatmig und spüren oft ein Gefühl der Enge in der Brustgegend.
- Sie sind gereizt und schnell auf «180».
- Sie leiden unter Stimmungsschwankungen, sind oft ängstlich oder depressiv.
- Frust ist ein Gefühl, das Sie immer häufiger erleben.
- Konflikte mit dem Partner oder Familienangehörigen haben zugenommen.

Wenn wir uns gestresst fühlen, ist uns alles zu viel: Die beruflichen Anforderungen liegen dann wie ein unüberwindbarer Berg vor uns, jeder Wunsch, den andere an uns richten, erscheint uns als freche Zumutung. Das Problem mit dem Stress ist, dass er uns zu Verhaltensweisen verleitet, die den Stresspegel immer weiter erhöhen: Wir kommen völlig erschöpft von der Arbeit nach Hause, fühlen uns vom Partner missverstanden und fangen einen Streit mit ihm an, stellen uns missmutig in die Küche, um unseren hausfraulichen

Pflichten nachzukommen, und fallen irgendwann total ausgelaugt in den Fernsehsessel, um endlich zu entspannen. Was natürlich – bei dem Fernsehprogramm! – ein frommer Wunsch bleibt. Doch selbst ein zufriedenstellenderes Programm wäre kein geeignetes Entspannungsmittel. Es könnte uns unterhalten und anregen, aber nicht zu jener friedvollen Entspannung verhelfen, die wir an den Katzen so bewundern.

Es ist im Grunde nur eine Frage der Entscheidung. Unbestritten: Unser Leben ist voller Stressquellen, die Anforderungen sind ebenso zahlreich wie die Zumutungen, denen wir tagtäglich ausgesetzt sind. Dennoch haben wir die Wahl: Wollen wir uns von dem hektischen Strom der Zeit mitreißen lassen oder wollen wir von Zeit zu Zeit stillere Wasser aufsuchen? Wollen wir wirklich einen Tag nach dem anderen, eine Woche nach der anderen, ein Jahr nach dem anderen abspulen – ohne Pause, ohne Innehalten, ohne Atemholen?

Sie haben die Wahl: Denn Sie können den reißenden Strom verlassen und Ihren Weg auf landschaftlich reizvollen, aber etwas trägeren Nebenflüssen fortsetzen, die sie ganz zwangsläufig immer wieder zu größeren oder kleineren Pausen verleiten: um die Aussicht zu genießen, um tief durchzuatmen, um zu sich selbst zu kommen. Ihr Ziel werden Sie auf diesen bedächtigen Wasserstraßen auch erreichen – langsamer zwar, aber dafür unversehrter an Leib und Seele.

Wir haben uns an das Leben auf dem schnellen Fluss mit

seinen zahlreichen Stromschnellen inzwischen gewöhnt und auch an den Stress, den diese Gewohnheit mit sich bringt. Aber: Gewohnheiten lassen sich brechen. Wir können ohne große Mühe umlernen. Wie? Indem wir von den Katzen lernen und Entspannung zur wichtigsten Selbstverständlichkeit in unserem Alltag werden lassen. Je mehr wir Entspannung praktizieren, desto mehr wird sie zu einem unentbehrlichen Bestandteil unseres Lebensstils, desto besser gelingt es uns, den Stress in seine Schranken zu weisen. Wenn Sie jetzt einwenden: «Dazu habe ich keine Zeit!», «Wann soll ich denn das tun?», dann haben Sie eine falsche Vorstellung von Entspannung. Sie müssen keine teuren, zeitaufwendigen Kurse besuchen, Sie müssen sich auch nicht jeden Tag zweimal zum Meditieren zurückziehen (außer, Sie wollen wirklich ernsthaft Meditation erlernen) – es gibt ganz einfache Methoden, um dem Stress ein Schnippchen zu schlagen.

Wann immer Sie merken, dass eine Situation Sie nervt und stresst, können folgende Techniken eine wirksame Gegenstrategie sein:

- Registrieren Sie, was vor sich geht: Wie ist Ihre Haltung? Sind die Schultern verkrampft? Halten Sie den Atem an? Sind bestimmte Körperteile besonders angespannt? Sobald Sie sich diese Fragen stellen, werden Sie sich automatisch entspannen: die Schultern entkrampfen sich, Sie atmen tief durch, setzen sich bequemer hin oder wandern durchs Zimmer, um die verspannten Muskeln zu lockern.
- Lachen ist ein wahres Gelassenheits-Elixier. Schon Sig-

mund Freud empfahl eine humorvolle Einstellung, denn Humor sei etwas «Großartiges und Einzigartiges». «Das Großartige liegt offenbar . . . in der siegreich behaupteten Unverletzlichkeit des Ich. Das Ich verweigert es, sich durch die Veranlassungen aus der Realität kränken, zum Leiden nötigen zu lassen, es beharrt dabei, dass ihm die Traumen der Aussenwelt nicht nahe gehen können, je es zeigt, dass sie ihm nur Anlässe zu Lustgewinn sind.» Lachen ist eine bestens geeignete Abwehrstrategie gegen Kränkungen, Beleidigungen, Zumutungen, zu große Belastungen. «Der Humor ist nicht resigniert», schreibt Freud, «er ist trotzig, er bedeutet nicht nur den Triumph des Ichs, sondern auch den des Lustprinzips, das sich hier gegen die Ungunst der realen Verhältnisse zu behaupten vermag.»

Lachen hilft uns also, schwierige Klippen des Lebens zu umschiffen, bestimmte Dinge nicht allzu nahe an uns herankommen zu lassen. Zudem schützt es auch unsere Gesundheit. Lachen, das zeigen zahlreiche Studien, bewirkt Positives in unserem Körper: Es erhöht die Atmungskapazität, den Sauerstoffausstausch im Blut, die Muskelaktivität und die Herztätigkeit, es stimuliert das kardiovaskuläre System, das sympathische Nervensystem sowie die Produktion von Endorphinen im Gehirn. Eine humorvolle Haltung ist daher die beste Vorbeugung gegen Stresskrankheiten, Depressionen und Ängste.

Wann immer Ihnen die Dinge über den Kopf zu wachsen drohen, versuchen Sie die humorvolle Seite daran zu entdecken. Sobald Sie über Ihre eigenen Fehler oder die anderer lachen können, sobald es Ihnen gelingt, ein wenig Abstand zum stressvollen Geschehen zu finden, entspannen Sie sich.

Um in jeder Situation schnell auf die Gelassenheitsmedizin «Lachen» zurückgreifen zu können, sollten Sie herausfinden, was Sie ganz sicher zum Lachen bringt: Sind es bestimmte Cartoons, ist es ein Film oder ein Witz? Legen Sie sich gezielt eine Sammlung von «Lach-Auslösern» zu und setzen Sie diese immer dann ein, wenn Sie Gefahr laufen das Lachen zu verlernen.

- Singen Sie. Singen ist ebenfalls eine perfekte Entspannungsübung. Sie können nicht singen? Es kommt nicht darauf an, fremde Ohren zu erfreuen. Singen Sie laut für sich alleine, und Sie werden schnell feststellen, dass der Stress von Ihren Schultern und aus Ihrem Kopf weicht. Singen Sie die Schlager im Autoradio mit – wenn Sie den Text nicht kennen, erfinden Sie einen neuen –, krähen Sie unter der Dusche «Freude schöner Götterfunken», legen Sie Ihre Lieblings-CD in den Player, setzen Sie die Kopfhörer auf und summen Sie die Melodie mit. Singen befreit, ob Sie die Töne falsch oder richtig setzen, spielt dabei keine Rolle.
- Schütteln Sie Ihren Körper. Diese Übung kennen Sie – aus dem Gymnastikunterricht, damals vor vielen Jahren, in der Schule oder auch aus dem Fitnessstudio. Nur: Sie haben sie bislang noch nicht in Ihren Alltag integriert, stimmt's?

Sinnvoll ist diese Übung vor allem dann, wenn Sie spüren, dass der Stress von Ihren Schultern, Ihrem Rücken oder Ihrem Kopf Besitz ergreift. Suchen Sie sich zunächst einen Raum, wo Sie für zwei bis fünf Minuten niemand stören kann. Strecken Sie die Arme nach oben, stellen Sie sich vor, Sie möchten Äpfel von der Decke pflücken. Dann lassen Sie Ihren Oberkörper wie einen nassen Sack nach vorne fallen, atmen mit einem lauten «Ha» aus und verharren ein paar Sekunden in dieser Kopfüber-Haltung. Dann richten Sie sich auf und ziehen erst die rechte, dann die linke Schulter und schließlich beide Schultern gleichzeitig hoch zu den Ohren. Anschließend neigen Sie den Kopf langsam nach vorne (Kinn auf die Brust), legen ihn in den Nacken und bewegen ihn vorsichtig nach links, dann nach rechts. Dann stellen Sie sich wieder aufrecht hin, atmen ein paar Mal tief durch. Wenn Sie Zeit und Lust haben, wiederholen Sie die Übung. Im Grunde aber reicht es, wenn Sie diese Übung immer dann machen, wenn Sie merken, dass die Muskeln sich verspannen.

- Gönnen Sie sich jeden Abend vor dem Schlafen ein «Betthupferl», eine wohltuende «Süßigkeit» für Ihren Körper. Diese Übung, die «progressive Muskelentspannung», wird auch in Psychotherapien gerne eingesetzt und geht so: Legen Sie sich ins Bett, die Arme liegen locker auf der Seite. Atmen Sie tief durch und stellen Sie sich vor, wie die Anspannung Ihren Körper verlässt. Jetzt spannen und entspannen Sie zunächst Ihre Füße.

Richten Sie die Fußsohle auf, indem Sie die Zehen zum Körper heranziehen, und lassen Sie dann wieder locker.

Konzentrieren Sie sich auf die Beine, spannen Sie sie an und entspannen Sie sie wieder.

Verfahren Sie so mit allen Körperteilen: dem Bauch, der Brust, den Fingern, den Händen, den Armen, den Schultern, dem Nacken und dem Kopf.

Vergessen Sie dabei nicht, tief durchzuatmen.

Wenn Sie Ihren ganzen Körper «durchgearbeitet» haben, prüfen Sie, ob noch irgendwo eine Spannung sitzt. Wenn ja, kehren Sie zu diesem Teil des Körpers zurück und geben ihm eine Extraportion Entspannung.

Wenn Sie sich diese Übung jeden Abend vor dem Einschlafen gönnen, werden Sie sehr schnell feststellen: Sie schlafen schneller ein, Sie schlafen durch und wachen am Morgen wirklich erholt auf.

Neben diesen «Schnell-Entspannungstechniken», die für jeden Menschen sinnvoll sind, gibt es, wie Sie wissen, natürlich noch sehr viel mehr Möglichkeiten, sich wirkungsvoll zu entspannen. Es liegt an Ihnen, jene Methode aus der Fülle des Angebots herauszusuchen, die Ihnen am meisten liegt. Probieren Sie aus und verwerfen Sie. Bleiben Sie bei der Suche nach «Ihrer» Entspannungsmethode gelassen. Wenn Yoga Sie nervt, Tai-Chi Ihnen zu exotisch ist – buchen Sie's als wertvolle Erfahrung ab und auf keinen Fall als persönliches Versagen. Entspannung ist eine äußerst individuelle Angelegenheit. Es kann durchaus eine Zeit dauern, bis Sie gefunden haben, was zu Ihnen, zu Ihrem Leben und zu Ihrer Lebenseinstellung passt. Auf keinen Fall sollten Sie zu früh aufgeben. Wenn Sie eine wirklich gelassene Frau werden wollen, muss Entspannung – in welcher Form auch immer – ein wichtiger Teil Ihres Lebensstils werden.

X.

Du sollst zu dir selbst finden

«Irgendetwas muss sich ändern!», «So geht es nicht mehr weiter!», «Diesen Alltagstrott ertrage ich nicht mehr länger!» Die in der Einleitung beschriebenen Gefühle der Überforderung und der Unzufriedenheit mit dem eigenen Leben lassen ganz zwangsläufig den Wunsch nach Veränderung entstehen: endlich ausbrechen aus einer zur Selbstverständlichkeit gewordenen Beziehung; den Job kündigen, der keine neuen Herausforderungen mehr bietet; neue Freundinnen und Freunde suchen, weil sich die alten sozialen Kreise in Langeweile eingerichtet haben. Doch wahrscheinlich geht es auch Ihnen so wie den meisten Frauen, die solch «revolutionäre» Wünsche verspüren: Sobald der Gedanke an Veränderung auftaucht, pfeifen Sie sich selbst zurück: Geht ja nicht, sagen Sie sich dann ernüchtert, mein Partner kommt ohne mich doch gar nicht klar; der Job ist langweilig, aber wenigstens sicher; und was würden die Eltern, die Freunde sagen . . .

Wir Frauen sind oft sehr geschickt darin, «Ja, aber»-Spiele zu spielen, wie die Transaktionsanalyse dieses Verhalten nennt. Schnell und problemlos führen wir scheinbar objektive Gründe ins Feld, die persönliche Veränderungen und

Entwicklungen unmöglich machen. Wir wollen Rücksicht nehmen auf die Gefühle anderer, wir wollen nicht als egoistisch gelten, wir denken, dass es uns doch eigentlich gut geht und der Wunsch nach Veränderung vermessen ist. In Wirklichkeit steckt hinter den «Ja, aber»-Spielen etwas anderes: Frauen, die allzu häufig «Ja, aber» sagen, nehmen sich selbst zu wenig wichtig. Sie vergeuden ihr Leben, aus Angst vor den Konsequenzen, die jede Veränderung – und sei sie noch so klein – mit sich bringt.

Es braucht nicht viel Fantasie, um sich vorzustellen, wie es Frauen geht, die in dieser Form mit sich umgehen. Die nicht auf ihre innere Stimme hören, die sich verleugnen, anpassen, unterordnen, sich bereitwillig von anderen Menschen und zahlreichen Verpflichtungen durchs Leben hetzen lassen, obwohl sie eigentlich wissen: «Dies ist nicht das Leben, das ich wollte!» Frauen die sich selbst nicht wertschätzen, können ihr Leben nicht nach ihren eigenen Vorstellungen leben.

Und das ist ein wesentlicher Grund dafür, dass es ihnen im Alltag an der nötigen Gelassenheit fehlt. Wer sich selbst nicht nahe ist, wer sich verleugnet oder schon gar keine Antwort mehr findet auf die Frage «Wer bin ich?», gerät zwangsläufig in Unruhe. Wie kann man angesichts dieser Zerrissenheit gelassen bleiben? Permanente Anpassung und Selbstverleugnung sind auf Dauer schädlich.

Wenn wir unser Leben manchmal bis oben hin satt haben, ohne genau zu wissen, warum eigentlich, wird es Zeit für eine systematische Selbsterforschung. Mit großer Wahrscheinlichkeit leben wir ein Leben, das uns nicht entspricht, das wir so nicht geplant und gewollt haben, das uns irgendwie passiert ist.

Erinnern Sie sich? Früher, da hatten Sie noch Wünsche und Erwartungen, da hatten Sie noch blühende Fantasien, was aus Ihnen und Ihrem Leben werden soll. Doch dann, Sie wissen nicht, wann und warum es geschah, sind Ihnen diese Visionen abhanden gekommen. Die bunten Bilder in Ihrem Kopf wurden schwarz-weiß, und Sie dachten: So ist es also, wenn man erwachsen ist und Verantwortung trägt.

So muss es nicht sein. Es ist niemals zu spät, den Menschen wieder auszugraben, der man eigentlich ist. «Veränderung heißt: zurückkehren zum Ursprung, der Mensch werden, als der ich eigentlich gedacht bin», erklärt die Psychotherapeutin und Buchautorin Angela Seifert und erzählt zur Erläuterung die Geschichte von Rabbi Sussja: «Rabbi Sussja erklärt seinen Schülern: ‹Eines Tages wird Gott mich nicht fragen: Warum bist du nicht Mose gewesen? Er wird mich fragen: Warum bist du nicht Rabbi Sussja gewesen?›»

Man selbst sein. Dies ist wohl die wichtigste Voraussetzung für ein gelassenes, gelungenes Leben. Doch wie schafft man es, man selbst zu sein, wenn reihum an einem gezogen und gezerrt wird, wenn man die Wünsche und Erwartungen der nächsten Mitmenschen managen muss, wenn der Alltag mit seinen Anforderungen kaum Zeit zum Nachdenken lässt? Nach Ansicht des Historikers Edward Gibbon werden wir im Leben zweimal erzogen: zuerst von den Eltern, den Erziehern, den Lehrern; ein zweites Mal von uns selbst. Erst durch die Selbsterziehung schaffen wir unsere wirkliche Identität, wir können aus den bisherigen Erfahrungen lernen und – bis zu einem gewissen Grad – unsere Lebensgeschichte nach unseren eigenen Vorstellungen umschreiben.

Voraussetzung für die Selbsterziehung ist es, dass wir uns über die Inhalte der ersten Erziehung in unserer Kindheit bewusst werden. Wir müssen herausfinden, welche Aufträge und Botschaften unser bisheriges Leben gesteuert und die optimale Entfaltung unserer Visionen behindert haben. Angela Seifert fragt Klienten, die große Angst vor Veränderungen haben: «Wer hat etwas davon, wenn alles so bleibt, wie es ist?» Dann stellt sich oft heraus: Da gibt es eine Mutter, die kein gutes Leben hatte und ihrer Tochter ebenfalls kein gutes Leben gönnt. Oder es ist die Tochter, die glaubt, kein Anrecht auf Glück zu haben, weil die Mutter nicht glücklich ist. Und manchmal ist da ein bereitwillig übernommener Auftrag – zum Beispiel Medizin zu studieren, weil die Mutter nur Krankenschwester war –, der die Entfaltung eigener Begabungen unterdrückt.

Diese frühe «erste Erziehung» zu durchschauen, die Transaktionsanalyse spricht von «unbewussten Skripten», ist unabdingbar, wenn man zu sich selbst finden will. Es gibt dabei verschiedene Methoden, wie wir den Schutt der frühen Jahre abtragen und unseren wahren Kern finden können.

Hilfreich bei dieser Entdeckungsreise können Ihre Kinderfotos sein. Kramen Sie in Ihren Fotoalben und Fotokisten, suchen Sie nach jeweils einem typischen Bild aus verschiedenen Lebensphasen: Wie sahen Sie aus als Baby, wie als Kleinkind, welchen Blick hatte die Fünfjährige, wie selbstbewusst wirken Sie bei Ihrer Einschulung? Fragen Sie sich: War ich ein mutiges Kind? Oder war ich eher schüchtern? Wie zuversichtlich trat ich dem Leben gegenüber? Welche Wünsche hatte ich? Was wollte ich mal werden? Astronautin oder Mutter von fünf Kindern? (Und was bin ich tatsächlich geworden?) Wie erinnere ich meine Eltern: Ermutigten sie mich oder verstärkten sie meine Ängste? Welche Erwartungen hatten sie an mich?

Lassen Sie die Fotos nicht gleich wieder in der Versenkung verschwinden. Betrachten Sie sie immer wieder, so lange, bis Sie wieder wissen und spüren, wie Sie damals als Kind waren, dachten, hofften und fühlten. Wenn Sie mit ihrem «kleinen Mädchen» Fühlung aufgenommen haben, dann erkennen Sie wahrscheinlich ziemlich schnell, was auf dem Weg zum Erwachsenwerden an Träumen, Plänen, Wünschen verloren gegangen ist.

Eine ergänzende Möglichkeit, den eigenen Lebensplan zu entschlüsseln und sich selbst näher zu kommen, ist die systematische Selbsterkundung: Forschen Sie nach wichtigen Schlüsselereignissen in Ihrem Leben:

- Was war bisher der glücklichste Moment?
- Welches Ereignis war der schlimmste Augenblick, der absolute Tiefpunkt?

- Was ist Ihre früheste Erinnerung? Wo fand das Geschehen statt, in welcher Umgebung, mit welchen Gefühlen war es verbunden?
- Welches positive und welches negative Ereignis in Ihrer Kindheit ist heute noch von Bedeutung für Sie?
- Welches ist Ihre wichtigste Erinnerung aus der Zeit der Pubertät? Inwiefern hat sie – positiv oder negativ – Ihr Leben beeinflusst?
- Welches Ereignis, das nach Ihrem 21. Lebensjahr stattfand, hat sich besonders in Ihr Gedächtnis gegraben und beeinflusst Sie immer noch?
- Gibt es noch eine wichtige Erinnerung, die – unabhängig von bestimmten Lebensphasen – für Sie von großer Bedeutung ist?

Notieren Sie zu jedem Punkt ein paar Sätze. Und prüfen Sie dann, ob es ein übergreifendes Thema in Ihren Erinnerungen gibt. Existiert ein Leitmotiv, eine Idee, die immer wieder auftaucht? Möglicherweise kommen Sie dadurch dem Lebensplan auf die Spur, der Ihnen von außen, von den Eltern oder anderen Erziehungspersonen, übergestülpt worden ist. So können Ihre Erinnerungen beispielsweise das Motto preisgeben «Wir lieben dich, aber nur, wenn du tust, was wir dir sagen» oder «Bewege dich nur nicht zu weit von mir weg. Wenn du das tust, lasse ich dich im Stich». Es ist offensichtlich, was solche Botschaften für die Verwirklichung eines eigenen Lebens bedeuten.

Eine andere hilfreiche Methode, wie wir das Thema unseres Lebens erkennen können, beschreibt Angela Seifert:

- Welche Lieblingsgeschichte, welches Lieblingsmärchen hatten Sie als kleines Kind? Oder gab es ein Kinderlied, das Sie besonders gerne hörten und sangen? Schreiben Sie eine kurze Zusammenfassung von dieser Geschichte.
- Hat Sie im Alter zwischen 14 und 21 ein Roman, ein Film, ein Theaterstück ganz besonders beeindruckt? Schreiben Sie auch dazu eine kurze Inhaltsangabe.
- Nun erforschen Sie die letzten zwei, drei Jahre: Welches Buch, Theaterstück, welcher Film hat Sie in besonderem Maße bewegt? Geben Sie wiederum eine kurze schriftliche Beschreibung des Inhalts.

Versuchen Sie nun, die drei Inhaltsangaben weiter zu verkürzen, so lange, bis es Ihnen gelingt, die Botschaft der jeweiligen Geschichten in einen einzigen Satz zusammenzufassen. Als Letztes versuchen Sie dann, die drei gewonnenen Sätze zu einem einzigen zu fusionieren. Dieser Satz gibt Ihnen einen deutlichen Hinweis auf ein wichtiges Thema Ihres Lebens. Prüfen Sie dieses Thema, fragen Sie sich, ob es wirklich Ihr Thema ist oder ob es Ihnen von anderen Menschen aufgezwungen worden ist. Wenn das der Fall ist, liegt mit großer Wahrscheinlichkeit Ihre Kreativität, liegen Ihre Träume und Wünsche tief verschlossen in Ihnen und warten darauf, dass Sie sich endlich um sie kümmern.

Wenn Sie nun festgestellt haben, dass eine Veränderung ansteht, dass Sie sich auf den Weg zu sich selbst machen wollen, um mehr Zufriedenheit und Gelassenheit in Ihr Leben zu bringen, sollten Sie eines wissen: Es braucht nicht immer große, revolutionäre Veränderungen, um das Leben nach eigenen Vorstellungen führen zu können. Oftmals ist es schon befreiend und entlastend, die eigene Stimme wiederzufinden und ihr im bisherigen Alltag mehr Raum zu geben.

Sie sollten allerdings darauf gefasst sein, dass schon diese kleinen Veränderungen in manchen Fällen in der nächsten Umgebung auf Ablehnung stoßen. Möglicherweise macht es dem Partner, der Familie, den Freunden Angst, wenn sie merken, dass Sie mehr Rücksicht auf sich und Ihre Bedürfnisse nehmen. Wenn dem so ist, dann müssen Sie vielleicht doch irgendwann Mut fassen und sich eine andere Umgebung suchen, die Sie so akzeptiert, wie Sie wirklich sind. Solche «großen» Veränderungen sind nicht einfach, wie auch Angela Seifert bestätigt: «Mut heißt ja nicht, ohne Angst etwas zu tun, sondern trotz Angst etwas zu machen. Man muss Ängste in Kauf nehmen, schlechtes Gewissen. Ohne das geht es meistens nicht.»

Damit die Ängste nicht zu groß werden, sollten Sie die anstehenden Veränderungen möglichst gelassen angehen. Folgende Punkte können Ihnen dabei eine Hilfe sein:

Nehmen Sie sich ausreichend Zeit

Sie können zwar schnell eine neue Wohnung oder einen anderen Arbeitsplatz finden – die innere Ablösung von Ihrem «alten» Leben dauert länger. Gönnen Sie sich also ganz bewusst eine Übergangsphase, akzeptieren Sie, wenn Sie sich traurig fühlen oder am eigenen Entschluss zweifeln. Je gelassener Sie diesen Gefühlen begegnen, umso besser gelingt Ihnen die Ablösung.

Planen Sie ganz bewusst Zwischenlösungen ein

Wenn Ihnen ein Veränderungsschritt besonders große Angst macht oder Sie sich noch nicht vollständig im Klaren darüber sind, wohin die Reise gehen soll: Machen Sie einen Zwischenschritt. Ziehen Sie zum Beispiel nicht «Knall auf Fall» von Ihrem Partner weg, nehmen Sie sich zunächst ein Zimmer in einer Wohngemeinschaft oder mieten Sie ein möbliertes Appartement. Auch bei anderen Veränderungen sind in den meisten Fällen Zwischenschritte möglich.

Verfallen Sie nicht in Aktionismus

Das Schlimmste an Übergangszeiten ist meist die Ungewissheit und Unsicherheit. Sie haben das Ziel noch nicht ganz deutlich vor Augen, und doch treffen Sie eine Entscheidung, weil Sie die Situation nicht mehr aushalten. Tun Sie auf keinen Fall nur deshalb etwas, damit irgendetwas geschieht. Das ist Aktionismus und führt meist zu Fehlentscheidungen.

Verwöhnen Sie sich selbst

Wenn gravierende Veränderungen anstehen, ist es ganz besonders wichtig, gut zu sich selbst zu sein. Oft kreisen die Gedanken quälerisch um das, was zu tun ist, das Pro und Contra wird erörtert und Sie kommen nicht zur Ruhe. Sorgen Sie für regelmäßige Pausen: Gönnen Sie sich Ihre Lieblingsmusik, gehen Sie schick essen, machen Sie sich selbst eine Freude. Nur so ist gewährleistet, dass Sie nicht aus Erschöpfung die Flinte zu früh ins Korn werfen.

Suchen Sie sich jemanden, der Ihnen wirklich zuhört

Darüber reden, das ist jetzt besonders wichtig. Doch nicht jede Freundin, jeder Freund ist geeignet. Prüfen Sie sehr genau, wen Sie ins Vertrauen ziehen. Wenn Sie niemanden finden, scheuen Sie sich nicht, professionelle Beratung aufzusuchen. Übergangsphasen sind enorme Herausforderungen, die Ihre psychische Stabilität gefährden können. Sie brauchen dabei soziale Unterstützung.

Freuen Sie sich auf Ihr zukünftiges Leben

Fragen Sie sich: Welche Ihrer Fähigkeiten und Interessen konnten Sie in Ihrem bisherigen Leben nicht verwirklichen? Wo waren Ihnen Grenzen gesetzt? Was wollen Sie im «neuen» Leben auf jeden Fall in Angriff nehmen? Zukunftspläne dieser Art machen Ihnen Mut und zeigen Ihnen zudem, warum Sie diesen mutigen Veränderungsschritt unternehmen.

Wie schon erwähnt: Meist sind gar keine so großen und schwerwiegenden Veränderungen notwendig, um sich selbst wieder näher zu kommen. Es reicht oft schon aus, sich selbst gegenüber wieder ehrlicher zu werden, keine «Ja, aber»-Spiele mehr zu spielen und Tag für Tag zu prüfen: Lebe ich wirklich nach meinen eigenen Vorstellungen? Will ich dies oder jenes tatsächlich? Muss ich diesen Wunsch erfüllen oder jene Aufgabe übernehmen? Am Anfang mögen Ihnen solche Überlegungen lästig, zeitraubend, nervtötend vorkommen. Aber wenn Sie durchhalten, werden Sie feststellen, dass Sie – so paradox es auch klingt – durch ständiges Fragen und Infragestellen mehr Gelassenheit in Ihr Leben bringen. Denn mit der Zeit wird die Person, die Sie wirklich sind, eine immer klarere Gestalt annehmen. Sie wird auftauchen aus dem Nebel der ersten Erziehung und dem Wust an Erwartungen, den andere auf Ihnen abgeladen haben. Immer besser werden Sie erkennen: «Das bin ich.» Und: «Das will ich!» Und in dem Maße, in dem Sie sich wiederfinden, steigt auch die Wertschätzung, die Sie selbst bei sich genießen.

Wenn Sie wieder wissen, wer Sie sind, was Sie wollen, wenn Sie Ihren eigenen Wert wieder kennen, kann Sie so schnell nichts und niemand aus der Ruhe bringen.

Bei sich selbst sein – das ist es, woran man eine gelassene Frau erkennt.

Schluss

Lassen wir die 10 Gebote noch einmal Revue passieren, dann wird der gemeinsame Nenner deutlich: Gelassen können wir reagieren und bleiben, wenn wir in uns selbst ruhen. Und diese Sicherheit in uns selbst finden wir,

- wenn wir wissen, wer wir sind und was wir wirklich wollen, und nicht nach fremden Vorstellungen leben;
- wenn wir das Wesentliche vom Unwesentlichen unterscheiden können;
- wenn wir uns nicht mit falschen Freunden und nur scheinbar hilfsbereiten Ratgebern umgeben;
- wenn wir das Leben nicht ernster nehmen, als es ist;
- wenn wir fähig sind, uns von anderen, deren Wünschen, Bedürfnissen und Zumutungen abzugrenzen, und nicht über jedes Stöckchen springen, das man uns hinhält;
- wenn wir ändern, was wir ändern können, und lernen hinzunehmen, was nicht zu ändern ist;
- wenn wir den Wert des gegenwärtigen Moments höher einschätzen als die Vergangenheit oder die Zukunft;
- wenn wir unsere eigenen Ziele kennen und deutlich

formulieren, auch wenn diese Ziele so manchem anderen in unserer Umgebung nicht gefallen;

- wenn wir uns einer Aufgabe, einer Tätigkeit, einem Menschen völlig hingeben können;
- wenn wir erleben statt konsumieren und jeden Tag, einen geliebten Menschen, die Schönheit der Natur in ihrer Einmaligkeit und Einzigartigkeit wahrnehmen.

Die 10 Gebote können uns darin unterstützen, einen sicheren Halt in uns selbst zu finden, sie können aber ganz sicher keine Wunder vollbringen. Wie in der Einleitung erwähnt, kann «Gelassenheit» kein Dauerzustand sein (außer vielleicht, wir sind praktizierende, aktive Anhänger der buddhistischen Lehre). Zu anforderungs- und stressreich ist unser Alltag. Doch wir können es uns zum Ziel setzen, so oft wie möglich gelassen zu bleiben und uns immer wieder die verschiedenen Wege zu einem gelassenen Leben in Erinnerung zu rufen.

Ich behaupte nicht, dass das ein einfaches Unterfangen ist. Oft werden wir abgelenkt werden, oft werden wir denken, wir schaffen es nicht. Wir sollten dann nicht zu streng mit uns selbst sein. Das Leben, das wir Frauen heute leben, ist kompliziert und vielschichtig. Unvermeidlich werden Unsicherheiten und Zweifel immer wieder unsere Gelassenheit erschüttern, immer wieder werden Konflikte und Widersprüche uns um die innere Ruhe bringen. Doch wenn es uns gelingt, immer wieder konsequent zu einer gelassenen Haltung zurückzukehren, können wir erkennen: Es ist nichts Bedrohliches an diesen «Unruheherden». Wir können sie aushalten. Sie werfen uns nicht aus der Bahn. Sie gehen vorüber. Gelassenheit ermöglicht es uns, Widersprüche zu leben und zu akzeptieren. Wir finden dann nichts Beunruhigendes mehr daran,

- viele Aufgaben erfolgreich zu managen und dann wieder erbärmlich zu versagen,
- zu manchen Zeiten bewundernswert tüchtig zu sein und dann wieder lethargisch und faul alles unkontrolliert geschehen zu lassen,
- dass wir durchaus selbstbewusst auftreten können, und dass uns in anderen Situationen Selbstzweifel plagen.

Eine gelassene Lebenseinstellung lässt diese Widersprüchlichkeit mit all den damit verbundenen Schwierigkeiten nicht nur erträglich werden, sie zeigt uns auch, wie lebendig und aufregend ein solch widersprüchliches Leben sein kann.

Leben wir unser spannendes, seltsames, zerrissenes und gar nicht einfaches Leben also mit selbstbewusster Gelassenheit! Und machen wir uns zwei Prinzipien zu Eigen:

1. «Lass dir von Kleinigkeiten nicht den Schlaf rauben.»
2. «Behandle möglichst vieles so, als wäre es eine Kleinigkeit . . .»

Literatur

Damasio, Antonio R.: Descartes' Irrtum. Fühlen, Denken und das menschliche Gehirn. dtv: München 1999[4]

Enzensberger, Hans Magnus: Der neue Luxus. In: Herrad Schenk (Hrsg.) Vom einfachen Leben. C. H. Beck: München 1997

Ernst, Heiko: «Und führe uns nicht in Versuchung . . .». Psychologie Heute, Februar 2000

Ernst, Heiko: Nervensägen. In: Psychologie Heute, Januar 1996

Fisher, Milton: Intuition. How to use it in your life. Wildcat Publishing: Greens Farms 1995

Freud, Sigmund: Der Humor (1927). Studienausgabe Band IV, S. Fischer: Frankfurt a. M. 1982

Fritzsche, Peter: Die Stressgesellschaft. Kösel: München 1998

Goethe. Die Kunst des Lebens. Aus seinen Werken, Briefen und Gesprächen ausgewählt von Katharina Mommsen. Insel Verlag: Frankfurt a. M. und Leipzig 1999

Heintel, Peter: Innehalten. Gegen die Beschleunigung – für eine andere Zeitkultur. Freiburg 1999

Held, Barbara: The Importance of Kvetching in Theory, Research and Practice. Vortrag 1996

Johnson, Spencer: Ja oder Nein. Der Weg zur besten Entscheidung. Rowohlt: Reinbek 1995

Kundtz, David: Stopping. How to Be Still When You Have to Keep Going. Berkeley 1998 (dtsch.: Stopping, Anhalten zum Durchhalten. Stuttgart/Zürich 1999)

Plattner, Ilse: Zeit haben. Für einen anderen Umgang mit der Zeit. München 1996

Schenk, Herrad (Hrsg.): Vom einfachen Leben. C. H. Beck: München 1997

Seifert, Angela: Jetzt pack ich's an. Trias Verlag: Stuttgart 1999. «Sich verändern heißt: zurückkehren zum Ursprung». In: Psychologie Heute, 4/2000

Stöber, Joachim: Besorgnis und Besorgtheit. Untersuchungen über Problemräume, deren Strukturierung und Elaboration. Lang Verlag: Frankfurt a. M. 1996